DIE KUNST des Flirtens

Das ultimative Dating Buch für Männer
– Endlich verstehen, was Frauen wollen:
Vom perfekten Anschreiben bis hin zur idealen
Partnerschaft. – Erste Erfolge in nur 10 Tagen!

Lola Sparks

Bibliografische Information der Deutschen Nationalbibliothek.
Die Deutsche Nationalbibliothek verzeichnet diese Publikation in der Deutschen Nationalbibliografie; detaillierte bibliografische Daten sind im Internet über http://dnb.dnb.de abrufbar.

Für Fragen und Anregungen:
info@eulogiaverlag.de

ISBN Print: 978-3-96967-205-1
ISBN E-Book: 978-3-96967-206-8

Originale Erstausgabe 2022

Eulogia Verlags GmbH
Gänsemarkt 43
20354 Hamburg

Lektorat: Ramon Thorwirth
Satz und Layout: Tomasz Dębowski
Umschlaggestaltung: Aleksandar Petrović

DIE KUNST des Flirtens

EULOGIA VERLAG

Inhaltverzeichnis

Einleitung: „Die Kunst des Flirtens“ 3

Kapitel 1: Flirten wie die Tiere 7
Kapitel 2: Dein Mindset beim Flirten 21
Kapitel 3: Dein Vertrag mit dir selbst 29
Kapitel 4: Verschiedene Arten von Flirttypen 44
Kapitel 5: Die Buchstabenmaschine 53
Kapitel 6: So flirten Frauen 72
Kapitel 7: Werde zum Frauenmagnet 87
Kapitel 8: Die Kunst der Verführung 104
Kapitel 9: Von der Theorie in die Praxis. 115
Kapitel 10: Die Angst zu versagen 123
Kapitel 11: Der Superflirt 132

Fazit 144

EINLEITUNG

„Die Kunst des Flirtens“

Hi! Es freut mich, dass du dabei bist! Schön, dass du dich für mein Buch entschieden hast. Dieses Buch ist für jeden Mann, der gerne besser im Flirten werden möchte.

Du bekommst hier keine oberflächlichen Floskeln, was du zu einer Frau sagen sollst.

Frauen und Männer sind keine Roboter. Deswegen zielt meine Arbeit als Life- und Dating-Coach für Männer darauf ab, aus jedem Menschen das Beste herauszuholen.

Du bist vielleicht gerade auf der Suche nach einer Frau oder kommst aus einer langjährigen Beziehung und willst dich orientieren. Jetzt hast du erste Versuche gemacht, mit Frauen zu flirten, und fühlst dich dabei irgendwie unbeholfen? Du wünschst dir einen Leitfaden und aktive Unterstützung, besser darin zu werden? Dann bist du hier genau richtig. ☺

Es ist völlig normal, wenn wir etwas nicht ständig tun, dass wir uns nicht routiniert fühlen. Aus diesem Grund habe ich dieses Buch geschrieben, um meine Expertise aus fast 10 Jahren YouTube und Coachings im Bereich Dating für dich so einfach wie möglich zu verpacken. Damit du nicht nur Flirten neu lernst, sondern auch, wie du eine Handynummer bekommst, mit Frauen auf ein Date gehst und letztendlich, wenn das dein Wunsch ist, eine Beziehung zu bekommen.

Es geht beim Flirten nicht darum, dass du immer genau das Richtige sagst. Menschen sind so unterschiedlich und deswegen ist mein Ziel, dir mit diesem Buch zu zeigen, dass Flirten wieder Spaß machen kann und etwas ganz Natürliches und Intuitives ist. Ich lade dich dazu ein, meine Tipps und Übungen in deinen Alltag zu integrieren und mit der Zeit nach und nach deine eigene Flirtstrategie zu entwickeln, die so authentisch ist wie du selbst.

Viel Erfolg

Deine

Lola

PS: Kennst du bereits meinen Videokurs „Die Kunst des Flirtens“? Dieser ist ergänzend zu diesem Buch entstanden. Du findest dort noch mehr hilfreiche Tipps, Flirten in deinen Alltag zu bringen, anziehender auf Frauen zu wirken und wie du Frauen in deinen Bann ziehst.

Über den untenstehenden QR-Code gelangst du zum Kurs.

KAPITEL 1

Flirten wie die Tiere

WAS IST FLIRTEN EIGENTLICH?

Wer hat sich das ausgedacht? Du fragst dich bestimmt, wofür das Ganze gut sein soll. Vor allen Dingen, wenn man seine Herausforderung mit einem Thema hat, stellt man gerne die Notwendigkeit an sich infrage.

Ich kann dich gut verstehen! Ich möchte dir gerne eine Idee davon geben, warum wir Flirten als ein wertvolles Werkzeug nutzen können, einem Menschen näherzukommen. Denk mal an die Tierwelt. Auch dort können wir eine Annäherung beobachten, wenn Paarungszeit ist und ein Männchen und ein Weibchen sich treffen.

Die beiden kommen sich näher und halten zunächst Blickkontakt. Schauen vorsichtig durch die Büsche und schnuppern ein bisschen. Sie haben naturbedingt ein gewisses Ritual, das sie akribisch einhalten. Mit der Zeit kommen sie sich näher und merken beide, dass ein Interesse besteht. Dann wird erst mal weiter geschnuppert und wenn sich beide sicher sind, wird die Paarung vollzogen. Dieses Ritual wird unter allen Umständen eingehalten. Kein Bär kommt auf die Idee, auf die Frau zuzustürmen und ist dann beleidigt, wenn sie knurrt.

Warum ist gerade die Tierwelt hier so ein interessantes Beispiel?

Sie machen uns vor, was wir teilweise verlernt haben. Männer gehen in Bars von hinten auf Frauen zu und sagen: „Hey, du bist mir aufgefallen, kann ich dir was ausgeben?“

In Sekundenschnelle muss die Frau sich nun umdrehen, den Mann anschauen und dann entscheiden, ob sie das Angebot annimmt. Wir Frauen sind zwar bei allem sehr schnell, liebe Männer, aber das schaffen wir dann doch nicht.

Der Mann hatte ja genügend Zeit, sich das Ganze aus der Ferne zu überlegen. Er hat die Frau aus der Entfernung gesehen, beobachtet und entschieden, zu ihr zu gehen. Was glaubst du, wie ging die Geschichte aus mit dem Drink?

Sie hat ihn vermutlich abgelehnt und sich wieder ihrer Freundin zugewandt. Möglicherweise hat sie noch mit den Augen gerollt oder die Augenbrauen hochgezogen und die Lippen gespitzt, bevor sie sich wieder ihrem Gespräch gewidmet hat. Sie ist gewissermaßen aus der Situation geflohen.

Blöde Ziege oder einfach nur schüchternes Mäuschen? Mitunter keins von beidem, wenn wir uns die Situation genauer anschauen. Wir schauen dafür wieder zurück in die Tierwelt. Die Annäherung und das langsame Beschnuppern.

Dies beruht auf Gegenseitigkeit. Das Männchen und das Weibchen sind sich in diesem Moment schon beide der Existenz des anderen bewusst. Die Annäherung erfolgt daher ausgeglichen auf beiden Seiten. Bei den meisten Anmachsprüchen, Annäherungsversuchen und Opening Lines (Def.: erstes Anschreiben über Online-Dating-Portale) übernimmt der Mann ausschließlich den Part des Beschnupperns.

Er beobachtet, wägt ab, schnuppert weiter und entschließt sich dann, die Frau anzusprechen.

Die Verwunderung ist am Ende groß, dass bei ungefähr 50 angesprochenen Frauen auf der Straße nur ca. 2–3 Frauen ihre Handynummer rausgeben und Interesse zeigen. Ich kann dir sagen, dass das gar nicht so verwunderlich ist, wenn man sich die Strategie dahinter genauer anschaut. Wir überstürzen etwas und scheitern. Doch verurteilt wird nur das Scheitern selbst. In diesem Buch schauen wir nicht nur auf das Ergebnis, sondern auf die Strategie dahinter.

Bei Menschen geht der erste Flirtimpuls meistens von den Männern aus. Männer gehen mehr auf Beutejagd als Frauen. Sie suchen sich das beste Weibchen aus, um die Erhaltung ihrer Rasse zu gewährleisten. Natürlich scannen auch Frauen ihr Umfeld ab und schauen sich ihre Optionen in der näheren Umgebung an. So rudimentär, wie ich das eben beschrieben habe, muss es gar nicht sein. Ein Mann verliebt sich mehrmals am Tag – eine Frau braucht Wochen.

Ein Mann sieht eine Frau und stellt fest, dass er sie attraktiv findet. Sie hat das gewisse Etwas, das ihn anspricht und er möchte gerne wissen, wer sie ist. Ihre braunen langen Locken, die großen Augen oder die Art, wie sie den Kopf in den Nacken wirft, wenn sie lacht.

Sicherlich kennst du diese Situation. Du bist draußen auf der Straße, in der Bahn oder im Bus oder du bist beim Einkaufen und dort siehst du eine Frau. Dein Kopf fängt an zu denken und zu arbeiten, und du stellst dir vor, wie schön es jetzt wäre, mit dieser Frau zu sprechen. Die Neugier wird immer größer und du willst wissen, wer sie ist. Kommt dir das bekannt vor?

Dann weißt du auch sicherlich, dass, wenn es wirklich zum Gespräch kommt und ihr euch sympathisch seid, die Zeit verfliegt, während ihr redet und man von einem Thema zum nächsten kommt. Ein tolles Gefühl, an das man immer wieder gerne zurückdenkt.

Auf der anderen Seite stehen die vielen verstrichenen Chancen, weil du dich nicht dazu durchgerungen hast, eine Frau anzusprechen. Sie hat zum Beispiel eine Freundin dabei gehabt oder sogar ihre Mutter. Sie hatte Kopfhörer in den Ohren oder hielt den Blick gesenkt auf ihr Handy.

Es kann verschiedene Gründe geben, warum es nicht zum Gespräch kam. Du suchst den Fehler in der Regel bei dir, weil du dich nicht getraut hast, sie anzusprechen. Versuche, dir zunächst klar zu machen, dass es nicht an dir liegt, sondern an deiner Strategie, warum der Erfolg bisher eher mau war.

*„Die reinste Form des Wahnsinns ist es,
alles beim Alten zu lassen und gleichzeitig zu hoffen,
dass sich etwas ändert."*

ALBERT EINSTEIN

Flirten hält frisch, macht Spaß und lockert Situationen auf. Es kann auch einfach ein netter Zeitvertreib sein. Ein kleiner Flirt auf der Arbeit und schon vergeht die Zeit schneller. Man geht gerne mal in die Küche, in der Hoffnung, man trifft den Kollegen wieder.

Auch unter Freunden kann man sich nach vielen Jahren noch necken oder mal tief in die Augen schauen. Nicht zwangsläufig muss dies ein sexuelles Interesse äußern. Das Interessante ist in diesem Moment die Reibung, die in der Luft förmlich spürbar ist. Das Knistern, was uns am Leben hält. Es macht das Leben lebenswerter und die Kontakte werden intensiver. Du lebst mehr im Hier und Jetzt. Du genießt es und dein Selbstwert wächst dadurch. Auch Paare sollten die täglichen kleinen Flirts nicht verlernen. Wir zeigen damit immer wieder unser Interesse, ohne es mit den Worten „Ich liebe dich" zu sagen. Wir zeigen es mit unserer ganzen Körpersprache und einer ganz besonderen Aufmerksamkeit.

„Show, don't tell."

VON UNBEKANNT

Flirten in der Partnerschaft lässt dich nichts mehr vermissen. Das Prickeln des Singles vereint mit den Vorzügen einer sicheren Beziehung. Diese Reibung macht es so reizvoll für uns, mit Menschen zu flirten und auch Signale von dem Gegenüber zu erwidern. Dazu gehören zum Beispiel auch kleine Witzeleien oder zweideutige Aussagen.

Dies geschieht unabhängig von Geschlechtern. Auch Frauen können mit Frauen flirten oder Männer mit Männern. Es ist eine Art der Kommunikation zwischen zwei Menschen, die eine sexuelle Anziehungskraft verspüren. Flirten ist nichts Einseitiges. Einer macht den ersten Schritt und sendet das Signal. Ein Blick, der etwas länger geht, als er sollte. Wir beobachten, ob sie auch zurückschaut. Schaut sie schnell weg? Kein Problem. Wichtig ist, ob sie später noch mal zu dir zurückschaut.

Ein kleiner Flirt hat noch keinem geschadet. So ist es auch aus meiner Sicht völlig legitim und sogar gesund, wenn auch vergebene Männer und Frauen ab und zu einen kleinen Flirt mit fremden Menschen haben.

Nicht jeder Flirt muss zwangsläufig auf etwas hinauslaufen. So bedeutet ein kleiner Flirt keineswegs, dass du sie an diesem Abend mit nach Hause nimmst. Das zunächst unverfängliche Gespräch verpflichtet niemals zu weiteren Handlungen. Genauso darfst du aber auch nichts erwarten. Der Flirt ist kein Startsignal, um mit der Tür ins Haus zu fallen.

DIE GESCHICHTE: NILS IN DER BAR

Ich möchte dir dazu gerne die Geschichte von Nils erzählen. Er war abends mit einem Kumpel unterwegs und hat in einer Bar eine Frau entdeckt. Sie saß hinten in einer Ecke mit ihrer Freundin. Die Frauen unterhielten sich den ganzen Abend über und standen immer nur kurz auf, um auf die Toilette zu gehen. Keine von den beiden nahm großartig Notiz von ihrem Umfeld. Vermutlich hatten sie sich lange nicht gesehen und brachten sich gerade auf den neuesten Stand. So bemerkten sie auch nicht, dass Nils immer wieder zu ihnen herüberschaute.

Nils erzählte mir, dass sie ihm gleich aufgefallen war, als er die Bar betreten hat. Es war eine dieser Bars, die dunkle braune Möbel hatte und eine lange Theke mit hohen Barhockern. Die Barhocker waren mit rotem Leder bezogen. Über den restlichen Raum verteilt waren Tischgruppen mit gemütlichen Stühlen und an den Wänden standen Sitzbänke mit bunten Kissen.

Überall hingen alte Poster und Plakate von Footballspielern, nostalgische Coca-Cola-Werbungen und an der Decke fuhr eine Eisenbahn auf kleinen Schienen. Hier konnte man vorbeikommen und ein paar Cocktails trinken. Natürlich gab es auch leckere Burger und andere amerikanische Spezialitäten. An der Wand hing ein Beamer, der Fußballspiele oder auch American Football zeigte. Heute war er aus.

Sie saß dort mit ihrer Freundin und sie unterhielten sich sehr interessiert. Deswegen schauten sie sich auch kaum um und bemerkten auch nicht, dass Nils zu ihnen herüberschielte. Nils saß mit seinem Kumpel direkt an der Bar. Er suchte ab und zu den Blick, aber keine der beiden Frauen nahm Notiz von ihm. Die Stunden vergingen und es war schon nach 22 Uhr. Nils hatte seinem Kumpel nicht gesagt, dass die eine Frau ihm aufgefallen war. Dem Kumpel war es natürlich trotzdem nicht entgangen. Nils schaute wirklich ständig hin. Irgendwann sagte der Freund zu ihm, ob er nicht mal zu ihr gehen wolle. Nils lehnte ab. Er hatte zwar den ganzen Abend schon darüber nachgedacht, wie er sie ansprechen könnte. Aber ihm war einfach nichts Passendes eingefallen. Er hatte das Gefühl, egal was er sagen würde, es wäre komisch. Zudem saßen so viele Leute um die Frauen herum, dass er sich schämen würde.

Was sollten die denn von ihm denken? Nils sagte das so seinem Freund und hoffte auf einen guten Ratschlag. Doch dieser lachte ihn schallend aus.

Der Kumpel lachte ihn so laut aus, dass schon die zwei Männer am Nebentisch schauten. Nils wurde etwas wütend. Warum lachte er denn so? Der Kumpel selbst war verheiratet und seine Frau erwartete das zweite Kind. Er hatte somit aus Nils´ Sicht alles richtig gemacht im Leben und stand genau dort, wo Nils selbst hinwollte.

Nils fragte seinen Kumpel, warum er so lachte. Dieser erklärte ihm dann, dass er sich früher genauso gefühlt hatte. Er sah früher Frauen in einer Bar und plötzlich ging es gar nicht mehr um das Ansprechen an sich. Es ging nicht mehr darum, dass er diese Frau interessant fand und sie gerne kennenlernen wollte. Es ging nur noch um die gegebenen Umstände.

Wie er sich gerade fühlte oder was in dem Umfeld der Frauen gerade passierte. Außerdem schaltete sich das Kopfkino ein und er fragte sich, was die Frauen oder die Menschen in der Umgebung wohl von ihm denken würden. Es ging gar nicht mehr um das Ansprechen und Kennenlernen. Es ging nicht mehr um den Grund, warum das Interesse geweckt wurde. Dort vorne befand sich eine Frau, die er gerne ansprechen wollte und es ging nur um alles andere und die Gründe, die dagegensprachen.

Nils verstand, was sein Freund ihm sagen wollte, aber das war nicht wirklich hilfreich. Er wusste ja dennoch nicht, was er sagen sollte. Sein Freund sagte daraufhin, dass es vollkommen egal wäre, was er sagte. Sie ist eine Fremde und kennt Nils noch nicht. Deswegen kann er völlig banal starten, indem er sich vorstellt und ihr erzählt, dass sie ihm aufgefallen ist. Sie wird sich daraufhin geschmeichelt fühlen und wenn sie auch Interesse hat, dann kann man weiter darauf reagieren. Eins wird zum anderen führen.

Wenn das nicht der Fall wäre, dann könnte man sich aber trotzdem nichts vorwerfen, denn der erste Schritt wurde getan. Schlimmstenfalls verabschiedet man sich wieder und wünscht den Damen einen schönen Abend. Zeige Stärke und geh stolz auf dich wieder zu deinem Platz. Halte den Blick nicht gesenkt und schäme dich nicht für deine Offenheit. Denk an den Bären, der wieder zurück in den Wald geht, wenn das Weibchen keine Lust auf ihn hat. Er ist ein Jäger und sucht sich die Nächste, die möchte. Es kratzt nicht an seinem Selbstbewusstsein, denn er kennt seine Mission und hat sie klar vor Augen.

So ganz überzeugt war Nils nicht von der Ansprache seines Kumpels. Er verstand zwar, dass es nicht darauf ankam, wer alles zuhörte. Hatten die Menschen drumherum etwas damit zu tun? Sie durften ruhig sehen, dass es Männer gibt, die sich offen auf Frauen zubewegen. Daran ist nichts Verwerfliches. Warum musste dieser Aspekt also etwas Negatives bedeuten?

Nils dachte weiter darüber nach und wartete ab. Was glaubst du, ist dann mit Nils passiert? Hat er sich einen Ruck gegeben?

Wieder eine Stunde später wusste er, dass so langsam seine Zeit ablief. Die Frauen waren im Begriff zu zahlen und auch sein Freund wollte so langsam nach Hause zu seiner Frau. Nils rutschte auf dem Barhocker nervös hin und her. Er hatte einen Plan gefasst.

Endlich stand die Frau auf und ging Richtung Toilette. Sie musste genau an den beiden Männern vorbei.

Nils senkte diesmal nicht seinen Blick, sondern schaute ihr in die Augen. Sie erwiderte seinen Blick und Nils´ Herz machte einen Hüpfer. Er hatte das Gefühl, dass er gerade etwas richtig gemacht hatte. Sie schaute ihn an. Doch die Freude war nur von kurzer Dauer, sie senkte wieder ihren Blick und lief an ihm vorbei.

Nils schnaubte und schaute seinen Freund irritiert an. Er fühlte sich abgewiesen. Sie hatte den Blick gesenkt und er interpretierte das als einen Korb. Er sagte zu seinem Freund, dass es doch Blödsinn war, überhaupt auf Frauen zuzugehen. Alle würden immer nur abweisend sein. Er war frustriert. Sein Freund lächelte weise und fragte Nils, woran er das denn aus ihrem Blick heraus gelesen hätte.

Nils sagte, es wäre doch offensichtlich gewesen, sie wäre ja einfach weitergelaufen und hätte den Blick gesenkt.

Dann sagte sein Freund etwas zu ihm, was sein komplettes Bild auf Frauen und das Ansprechen von Frauen veränderte.

„Nils, du sitzt nun vier Stunden hier und überlegst, ob du sie ansprechen sollst, und tust es nicht. Sie hatte gerade fünf Sekunden Zeit, dich zu sehen, und du wunderst dich, dass sie dir nicht sofort in die Arme gefallen ist? Was glaubst du denn, wie schnell sollte ihr Kopf nachdenken und schalten? Erwartest du wirklich von ihr, was du selbst nach einigen Stunden nicht schaffst?“, sagte er.

Nils schluckte. Sein Kumpel hatte recht. Sie hatte nur ein paar Sekunden Zeit gehabt. Warum sollte sie sich in diesen paar Sekunden anders verhalten, als Nils es die letzten Stunden getan hatte? Natürlich wusste er, dass es auch weitaus offensivere und mutigere Menschen als ihn gab. Die Wahrscheinlichkeit, auf so einen Menschen zu treffen, der sich so komplett anders verhält als er selbst, war eher unrealistisch.

> *„Du darfst niemals etwas von anderen erwarten, was du selbst nicht bereit bist zu tun."*
>
> LOLA SPARKS

Nils erinnerte sich an etwas, das seine Mutter immer zu ihm sagte, als er klein war.

„Nils, die Spinne hat viel mehr Angst vor dir als du vor ihr!"

Zu Anfang fand er diesen Spruch blöd, weil so genau keiner sagen konnte, ob die Spinne mehr oder weniger Angst hatte. Doch den Grundgedanken verstand er. Sein Kumpel hatte recht. Es musste nicht zwingend Desinteresse bedeuten, wenn die Frau ihren Blick abwendet. Es könnte auch einfach sein, dass sie genauso schüchtern war wie er. Zudem sie ihn nur einige wenige Sekunden gesehen hatte. Er hatte stundenlang Zeit, über sie nachzudenken.

Also brauchte er eine Strategie, mit der er es schaffte, dass sie lockerer werden würde. Er nahm sich vor, wenn sie von der Toilette zurückkommen würde, wieder ihren Blick zu suchen. Diesmal wollte er lächeln, um ihr ein Signal zu senden. Als sie von der Toilette zurückkam, musste Nils leider feststellen, dass sie den Kopf tief gesenkt ließ und auf ihr Handy starrte. Sie ging an ihm vorbei, ohne auch nur einmal hochzuschauen.

Sein Kumpel meinte, dass er sich nichts daraus machen sollte. Sie sei einfach schüchtern. Frauen verstecken sich gerne hinter ihrem Handy, wenn sie unsicher sind. Beobachte das mal im Leben. Viele Frauen betreten einen Raum, indem sie dabei auf ihr Handy schauen. Sie zeigen damit eine Art Unsicherheit, weil sie einen ungewohnten Bereich betreten und es ihnen unangenehm ist, angeschaut zu werden. Natürlich ist das nicht die beste

Angewohnheit. Man sollte mit erhobenem Kopf einen Raum betreten und erst mal lächelnd in die Runde schauen. Es dürfen ruhig alle schauen, denn man könnte ja auch ein Serienmörder sein. Es heißt nicht immer zwangsläufig etwas Negatives, wenn Menschen einen anschauen. Du starrst die Frauen doch auch an, oder? ;)

Auch der eine oder andere Mann hat Schwierigkeiten, einen Raum mit vielen Menschen zu betreten. Um deine Unsicherheit etwas zu bekämpfen, gehe mit erhobenem Kopf in den Raum rein und schaue dann in alle Ecken des Raumes. Einmal ganz langsam rundherum. Dann gehe zu den Getränken oder an deinen Tisch oder, wenn es ein Meeting-Raum ist, an deinen Stuhl. Nicke ein paar Menschen freundlich zu oder lächle und sage ruhig Hallo. Mache dir dann bewusst, dass nichts Schlimmes geschehen ist. Du hast Kontakt aufgenommen und es wurde erwidert.

Nils musste sich eingestehen, dass er das auch des Öfteren machte und sich hinter seinem Handy versteckte. Sein Kumpel hatte wirklich recht. Nils´ Jagdinstinkt war nun endgültig geweckt. Er wollte mit ihr sprechen. Immer wieder schaute er zu ihr hin und hoffte, dass sie den Blick erwidern würde. Endlich schaute sie hoch und ihre Blicke trafen sich wie Blitze. Nils spürte, wie sein Herz immer stärker schlug. Bevor sie wegschauen konnte, formte er seinen Mund schnell zu einem Lächeln und wartete, ob sie es erwiderte. Kaum merklich, aber aus der Entfernung doch deutlich zu sehen, lächelte sie zurück. Nils triumphierte. Der erste Schritt war getan. Das war sein Signal. Sie hatte ihn gesehen und sein Interesse anerkannt und zurückgegeben.

Wir erinnern uns wieder an unser Beispiel aus der Tierwelt. Zunächst einmal wird aus der Ferne geschaut und gelächelt. Nils musste jetzt schnell sein, denn so langsam wurde die Zeit immer knapper. Er wusste, die Frauen werden jeden Moment die Bar verlassen.

Einen Drink einfach rüberzuschicken, empfand er als nicht passend. Er wusste nicht, was sie gerne trank oder ob sie Auto fahren musste und deswegen nichts mehr trinken konnte. Er wusste, es führte kein Weg dran vorbei. Er rückte seinen Stuhl zurück und schwang die Beine auf den Boden. Sein Kumpel schaute ihn überrascht an, aber er sagte nichts.

Nils drehte sich zu dem Tisch mit den beiden Frauen und lief rüber.

> *„Das kalte Wasser wird nicht wärmer,*
> *wenn du später springst."*
>
> VON UNBEKANNT

Er war selbst überrascht von so viel Mut. In diesem Moment war ihm nicht ganz klar, was er sagen sollte. Doch dann fiel es ihm ein. Er hatte es vor Kurzem von seinem Life- und Dating-Coach Lola Sparks gehört. Der beste Anmachspruch für diesen Moment, wenn die Frau zurückgelächelt hat. Er fühlte sich plötzlich so leicht und sicher.

Am Tisch angekommen, sagte er: **„Hi. Ich bin Nils – du hast so schön gelächelt, jetzt will ich auch wissen, wer du bist."**

Sie lächelte unsicher und sagte: „Hey Nils, ich heiße Maria."

Wie ging es weiter mit Nils und Maria? Sie redeten noch fast eine Stunde und tauschten dann Nummern aus. Es war, als bliebe die Zeit stehen und der Kumpel und die andere Freundin existierten nicht. Nils und Maria sind heute in einer Beziehung und erzählen gerne die Geschichte, wie sie sich kennengelernt haben. Nils betont immer wieder, wie dankbar er sich selbst ist, dass er sich getraut hat, sie anzusprechen. Sein ganzes Leben sähe heute anders aus. Nils hatte an diesem Abend etwas sehr Wichtiges gelernt, was ich dir mit auf den Weg geben möchte. Sei mutig und vor allen Dingen gehe niemals davon aus, dass der andere etwas immer besser kann als du. Nur weil die Frau so wirkt, als hätte sie kein Interesse, muss das noch lange nicht stimmen.

CHECKLISTE KAPITEL 1:

- 1. Kapitel in „Kunst des Flirtens gelesen"
- Check-up im Arbeitsbuch ausgefüllt
- Im Kalender festen Termin jeden Monat einplanen, um den Check-up zu wiederholen und die letzten Wochen jeweils zu reflektieren

Du hast das Arbeitsbuch noch nicht? Unter folgendem QR-Code kannst du es bestellen:

FRAGST DU DICH, WIE ES NACH DEM FLIRTEN WEITERGEHT?

Scanne diesen QR-Code, dann bekommst du von mir ein kostenloses 25-seitiges eBook zum Thema „So funktioniert Dating". Es baut direkt auf diesem Buch auf und hilft dir, auch nach dem Flirten mit den Frauen in Kontakt zu bleiben. Du vereinbarst Dates mit ihnen und wirst tolle Momente erleben.

KAPITEL 2

Dein Mindset beim Flirten

WIE FÜHLEN WIR UNS BEIM FLIRTEN?

Der Zustand beim Flirten ist eine Mischung aus Nervosität, Unsicherheit und der sicheren Überzeugung, dass wir gerade etwas falsch machen.

Aufgrund vergangener Erlebnisse vermeiden wir es, mit Frauen zu sprechen. Falls wir es doch tun müssen, zum Beispiel berufsbedingt, dann halten wir die Gespräche so kurz wie möglich. Wir halten möglichst keinen Augenkontakt und sind froh, wenn das Gespräch vorbei ist. Kommt dir das bekannt vor?

Lieber redet man mit Männern, als einer Frau Aufmerksamkeit zu schenken. Es geht leichter und fühlt sich nicht ganz so aufregend an. Wir ignorieren die Frauen nicht aus Desinteresse. Wir wollen einfach nichts falsch machen. Der Umgang mit Frauen und vor allem das Necken und Flirten ist uns einfach fremd.

Vielleicht hast du in der Vergangenheit noch nicht so viel Erfahrung mit Flirten gesammelt und traust dich deswegen nicht, damit zu beginnen?

Ich möchte dir zunächst sagen, dass nicht zählt, was in der Vergangenheit war. Versuche, dein Ziel vor Augen zu haben und dir nicht immer wieder vorzubeten, warum etwas nicht klappen könnte.

Wenn wir an das Flirten denken, dann stellen wir uns meistens Horrorszenarien vor, was schlimmstenfalls passieren könnte.

Die Frau könnte uns auslachen. Was sollen nur die Leute denken? Du erinnerst dich bestimmt, dass Nils aus Kapitel 1 auch diese Gedanken hatte.

So viele Männer und natürlich auch Frauen haben diese Sorgen und verspüren eine innere Kraft, die sie zurückhält.

Wenn es ums Flirten geht, gibt es nur wenige, die sagen würden, dass sie Profi darin sind. Was also unterscheidet Menschen, die gut oder schlecht mit Frauen reden können?

Du hast bestimmt schon Männer beobachtet, die gut mit Frauen sprechen können. Vielleicht hast du dich gefragt, warum fühlt er sich nicht unwohl während des Gesprächs? Warum hat er keine Angst, dass ihm die Themen ausgehen könnten? Warum denkt er nicht darüber nach, ob er was Falsches sagen könnte? Was heißt eigentlich „etwas Falsches sagen"?

Befindet sich nun auch noch ein Mann in deinem Umfeld, der sehr gut mit Frauen umgehen kann, dann verschlechtert sich dein Selbstbild noch mehr. Du beginnst zu vergleichen. Du fragst dich, warum er das viel besser kann als du und suchst die Fehler bei dir. Nicht selten gibt es dann Aussagen wie: „Na ja, die Frau kann ja gar nicht auf mich stehen und mit mir flirten wollen, ich fahre ja keinen Porsche und trage keine Rolex."

Viele Männer unterliegen der Annahme, dass Statussymbole sie interessanter machen und einen leichteren Zugang zu Frauen bringen. Spielen wir das Gedankenspiel gerne etwas weiter. Wenn sich all deine Probleme heute Nacht in Luft auflösen würden und du morgen aufwachst und ein neuer Mensch bist – was würdest du dann tun? Wie würdest du dich den Frauen gegenüber anders verhalten? Den Porsche in der Garage, die Rolex am Arm und vielleicht noch ein paar Nullen mehr auf dem Bankkonto. Würdest du den Antrieb plötzlich spüren? Hättest du das Gefühl, du könntest genau dann den Schritt wagen und auf die Frau zugehen? Würden dir aus heiterem Himmel plötzlich die richtigen Worte einfallen?

In meinen Coachings geht es sehr oft darum, dass Männer glauben, ihnen fehlt etwas. Sie suchen Gründe, warum sie in ihrer aktuellen Lage keinen Erfolg haben oder nicht den Mut aufbringen können, eine Frau anzusprechen. Nicht wenige haben sich gerade aus diesem Grund eine Rolex oder andere teure Uhren und auch Autos gekauft. Soll ich dir verraten, was die ernüchternde Erkenntnis dieser Männer war?

An der Uhr oder am Auto lag es nicht. Der Mut und der Glaube an sich selbst war der Knackpunkt, der sie nach wie vor davon abhielt, einen Schritt nach vorne zu gehen.

Wie soll Dating und Frauen-Kennenlernen klappen, wenn du davon ausgehst, dass alle Frauen geldgeile Menschen sind?

Leere Hüllen, denen Gefühle und echte Beziehungen egal sind? In deinen Gedanken machst du Frauen zu deinem größten Feind und wunderst dich auf der anderen Seite, warum es mit ihnen nicht zu klappen scheint.

Das Schöne ist, dass es alle schaffen können, ihre alten Muster mit ein paar guten Übungen zu durchbrechen. Diese Übungen findest du in diesem Buch. Ich bin davon überzeugt, dass auch du es schaffen wirst, dir selbst zu beweisen, dass alles bereits in dir steckt, was du brauchst, um mit einer Frau zu flirten.

Wenn wir etwas nicht können, dann stellen wir uns bildlich vor, wie wir es versauen. Wir spielen in unserem Kopf Szenarien durch und ziehen dabei immer den Kürzeren.

Die Frau könnte ja vergeben sein oder gar keine Lust haben, angesprochen zu werden. Ein Flirt auf der Arbeit könnte nach hinten losgehen, weil man sich ja jeden Tag sehen muss. Kommt dir auch das bekannt vor? Das Kopfkino ist zu groß und die Gewissheit am

Ende des Tunnels zu schmerzhaft, falls die Frau wirklich ablehnend reagiert. Deswegen verweilen wir in unserer Blase und träumen nur, anstatt wirklich etwas zu bewegen.

Unsere Gedanken gehören nur uns und wir steuern sie. Jedoch ist die Annahme, dass wir unsere Gedanken wirklich zu 100 % steuern können, momentan bestimmt etwas befremdlich für dich.

> *„Ob du denkst, du kannst es, oder du kannst es nicht: Du wirst auf jeden Fall Recht behalten."*
>
> HENRY FORD.

Alles hat einen Anfang. Zu diesem Anfang solltest du nun gedanklich zurück. Was ist deine früheste Erinnerung eines Flirtversuchs? Vielleicht das erste Date oder auf einer Schulfeier in der 10. Klasse?

Der erste zaghafte Versuch, auf eine Frau zuzugehen. Du warst schon ein wenig verliebt und jetzt ist der Moment gekommen. Ihr schaut euch auf einer Feier in die Augen und sie lächelt. Jetzt liegt es an dir, zurückzulächeln oder etwas zu sagen. Doch dein Mund ist wie zugeschnürt und dir fällt nichts ein. Du hörst die laute Musik plötzlich nur noch sehr dumpf und aus deinem Mund kommt nur etwas wie: „Ich muss bald gehen." Obwohl es erst 21 Uhr war. Sie schaut dich irritiert an und fragt: „Jetzt schon?" Du überlegst kurz und erwiderst: „Ja, meine Mutter braucht das Auto." So langsam spürst du, wie deine Hände feucht werden und nur Mist aus deinem Mund kommt. Dir fällt nichts mehr ein und sie sagt auch nichts mehr.

Ihr verabschiedet euch und du weißt genau, dass du deine Chance auf einen Flirt vertan hast. Zu allem Überfluss hast du in deiner Nervosität behauptet, du müsstest jetzt gleich gehen, obwohl das eigentlich gar nicht der Fall war. Nun musst du, um dein Gesicht zu wahren, die Party verlassen. Hast du auch so eine Geschichte? Kannst du dich daran erinnern, wie deine ersten Flirtversuche ausgesehen haben?

Wir alle haben diese frühen Erinnerungen an etwas, wo wir uns gehörig blamiert haben. Ich habe mir einmal die Mühe gemacht, ein paar alte Schulkollegen zu fragen, wie ich mich damals verhalten habe. Das Ergebnis war zum Tränenlachen. Sie konnten sich gar nicht mehr an diese Situationen erinnern. Die Momente waren in meiner Erinnerung so schwerwiegend gewesen und hatten doch so wenig Relevanz für mein Gegenüber. Es war ihnen gar nicht bewusst gewesen, dass ich dachte, ich hätte mich blamiert.

Dabei muss ich immer an einen Spruch denken, den meine Mutter mir schon in der Schule immer wieder gesagt hat. Dieser Spruch begleitet mich täglich und hilft mir dabei, alles etwas gelassener zu nehmen.

> *„Nimm dich und andere nicht so wichtig."*
>
> MAMA SPARKS

Übung Nummer 1: Schreibe dir deine ersten Flirtversuche auf. Mache dir zum einen ganz bewusst, wie sie abgelaufen sind, und zum anderen, wie du dich dabei gefühlt hast. Nimm dir ruhig viel Zeit für diese Übung und lese erst weiter, wenn du sie abgeschlossen hast. Es ist sehr wichtig für deine Entwicklung, dass du dir deinen Ist-Zustand anschaust. Dafür müssen wir zurück in die Vergangenheit. Welche Erinnerungen verfolgen dich heute noch und haben zu deiner Haltung heute geführt?

Was glaubst du, hat dein Gegenüber in dem Moment über dich gedacht? Meinst du, ihr könntet heute gemeinsam herzlich darüber lachen?

Wenn du zum Beispiel den negativen Glaubenssatz hast, dass du nicht in der Lage bist zu flirten, weil du dich damals blamiert hast, dann frage dich: „Hat dieses Erlebnis heute noch eine Bedeutung für mich?“

Frage dich: „Hilft mir das Festhalten an dieser Erinnerung dabei, mich weiterzuentwickeln?“

Vermutlich lautet die Antwort Nein. Diese ferne Erinnerung blockiert dich vielmehr dabei, dich weiterzuentwickeln. Beginne heute langsam, sie loszulassen.

Wir machen das, indem wir negative Glaubenssätze und Erlebnisse in positive umformulieren.

Ich habe ein Beispiel für dich:

„Ich kann nicht flirten.“ Wird zu → „Ich kann zwar momentan noch nicht so gut flirten, aber ich werde es lernen.“ Wird bald zu → „Ich KANN flirten.“

Nimm dir so viele negative Glaubenssätze wie möglich, die dich beschäftigen und wandle sie in positive um. Nutze dafür ruhig die Zwischenstufe. Sie hilft dir dabei, an eine Entwicklung in der Zukunft zu glauben. Arbeite parallel immer mit meinem Arbeitsbuch. Dort kannst du zu den entsprechenden Kapiteln direkt die Fragen beantworten, Glaubenssätze eintragen und diese durch neue ersetzen.

Das Arbeitsbuch kannst du unter folgendem QR-Code bestellen:

Die neuen positiven Sätze klebst du dir an deinen Kühlschrank, an den Schreibtisch oder legst sie ins Badezimmer. Je häufiger du sie liest und dich damit beschäftigst, desto stärker wirst du daran glauben. Denke immer daran, dass diese Arbeit an deinem Mindset maßgeblich deinen Erfolg bei Frauen beeinflussen kann. Damit etwas in Fleisch und Blut übergeht, solltest du es 90 Tage lang täglich machen. Bestenfalls druckst du dir einen „Habit Tracker" aus, um jeden Tag ankreuzen zu können, ob du dein Tagesziel erfüllt hast. So behältst du deine täglichen Ziele immer im Blick. Pass bitte auf und etabliere immer alle drei Wochen nur eine neue Gewohnheit. Zu viel auf einmal können wir nicht verarbeiten.

Fang mit einer Sache an und ziehe sie täglich durch. Wenn es drei Wochen lang gut klappt, kannst du die nächste Gewohnheit mit dazunehmen.

Erinnerst du dich noch daran, als ich am Anfang dieses Kapitels gefragt habe: „Wie fühlst du dich beim Flirten?“

Aktuell sagst du vielleicht noch: „Ich fühle mich unsicher beim Flirten.“ Ab heute sagst du bitte: „Ich werde mich bald sicherer beim Flirten fühlen.“ Und bald heißt es: „Ich fühle mich sicher beim Flirten.“

Du schaffst das!

CHECKLISTE KAPITEL 2:

- ✦ Hast du deine negativen Glaubenssätze definiert?
- ✦ Negative Glaubenssätze in positive umwandeln
- ✦ Definieren, woher deine Glaubenssätze stammen
- ✦ Habit Tracker verwenden, um positive Glaubenssätze zu etablieren

KAPITEL 3

Dein Vertrag mit dir selbst

Wir wollen uns nun von der unsichtbaren Macht verabschieden, die dich zurückhält. Du hast im letzten Kapitel gelernt, wie du negative Glaubenssätze durch positive ersetzt. Dies sollte dir genug Auftrieb gegeben haben, dass du in deiner Entscheidung standhafter wirst. Wiederhole ab sofort täglich deine positiven Glaubenssätze und kontrolliere deine Gedanken. Sobald du etwas Negatives über dich denkst, stoppe dich bewusst und lenke deinen Geist auf deine positiven Eigenschaften und Ziele.

Bevor wir nun in die Praxis übergehen, möchte ich, dass du dir heute selbst etwas versprichst.

Es bringt dir nichts, weiter in deiner Traumwelt zu leben. Es hilft nicht weiter, wenn du dir immer nur ausmalst, wie du versagst. Du kannst nicht vorankommen, wenn du dir täglich einredest, dass du nicht das Zeug dazu hast.

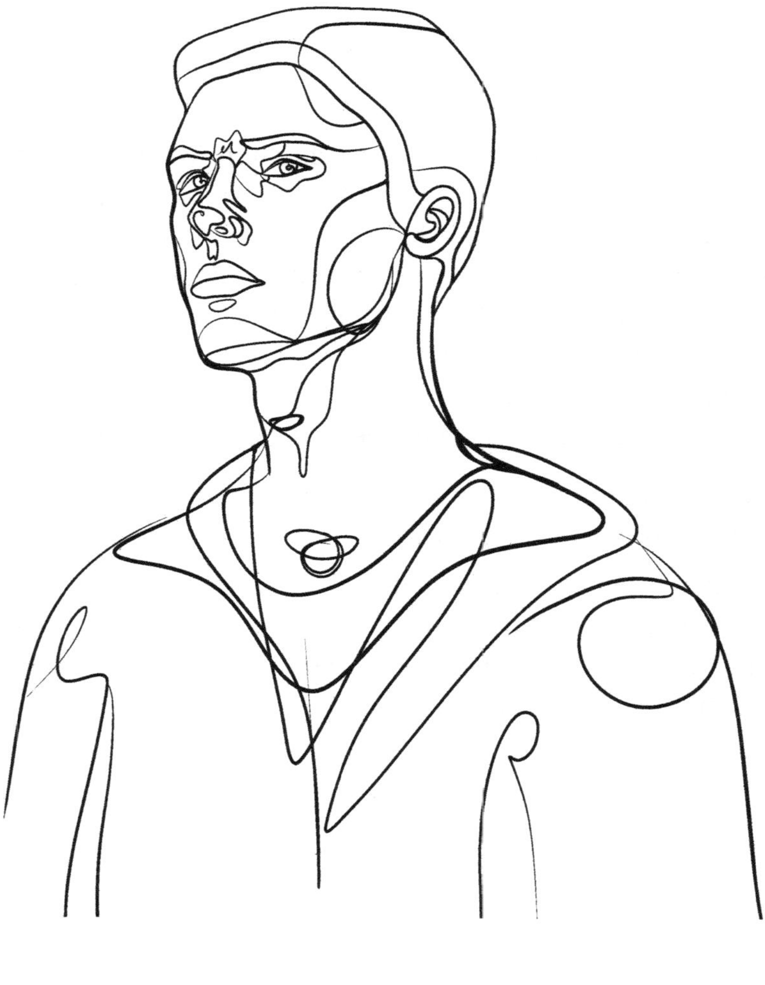

Deswegen möchte ich, dass du heute einen Vertrag mit dir selbst machst.

MEIN VERTRAG MIT MIR SELBST – ALLES FÜR MEINE TRÄUME ZU GEBEN

Ich, ____________________________, bin mir bewusst, dass ich in meinem Leben schon viel erlebt habe. Das hat mich geprägt und zu dem gemacht, der ich heute bin. Das ist auch gut so!

Ich weiß, dass ich mich in einer Situation befinde, in der ich mir sehnlichst wünsche, dass sich etwas ändert.

Ich bin mir über alle Konsequenzen meines Handelns (nicht nur in diesem Jahr, sondern auch für die zukünftigen Jahre) bewusst.

Aus diesem Grund treffe ich folgende Entscheidung:

Ich werde ab sofort an meiner Einstellung (Mindset) arbeiten und mich die nächsten Wochen und darüber hinaus meiner Persönlichkeitsentwicklung stellen.

Ich werde an mir selbst als Person ständig weiterarbeiten, um aus meinen Fehlern aus der Vergangenheit zu lernen.

Ich weiß, dass es absolut okay ist, Fehler zu begehen. Und ich weiß auch, dass wenn ich erst mal aus einem Fehler gelernt habe, ihn kein zweites Mal begehen möchte.

Mir ist außerdem bewusst, dass ich die derzeitige Situation nicht mehr rückgängig machen kann.

Aus diesem Grund gehe ich heute das folgende Abkommen mit mir selbst ein:

Ich werde ab sofort immer an mir arbeiten und mich selbst reflektieren. Die nächsten Wochen werde ich dies in Unterstützung mit Lola beginnen.

Ich will mein Potential freisetzen, welches ich imstande bin, zu geben.

Ich weiß, dass die kommenden Wochen intensiv werden können, aber ich sehe diese Zeit als Herausforderung an.

Als Herausforderung, um als Person zu wachsen und mein bestmögliches Potential abzurufen.

Als Herausforderung, mir zu beweisen, wie viel Kraft und Energie in mir steckt.

Als Herausforderung, die Zeit, die mir auf diesem Planeten geschenkt wurde, so gut zu nutzen, wie ich kann!

Unterschrift: ______________ Datum: ______________

Sehr gut. Jetzt können wir weiter an deinen Zielen arbeiten.

Ich möchte dir in diesem Kapitel gerne von Basti erzählen. Er hat vor einigen Jahren mein Coaching besucht und wir haben gemeinsam daran gearbeitet, dass er seine Ziele erreicht und alte Defizite loslässt. Basti war schon lange nicht mehr in einer Beziehung und ist zu mir gekommen, weil er wissen wollte, wie er endlich wieder glücklich werden könnte.

Er erzählte mir, dass er sich sehnlichst eine Frau an seiner Seite wünscht. Mit 34 Jahren war das für ihn eine Art Zeichen, dass er im Leben etwas erreicht hatte. Er war der Meinung, dass man es als erwachsener Mann nur zu etwas bringt, wenn man eine Frau und Kinder hat. Natürlich könnt ihr euch vorstellen, dass er dadurch sehr unglücklich war. In seinen Augen gab es ja sonst nicht viel auf der Welt, worauf man stolz sein konnte.

Ich finde es in solchen Fällen immer sehr wichtig, sich selbst zu fragen: Warum möchte ich das so dringend? Was ist meine erste Erinnerung daran, als ich diesen Glaubenssatz und Wunsch entwickelt habe?

Basti hat sich darüber dann genau Gedanken gemacht. Er kommt aus einer Familie, in der alle verheiratet sind und Kinder haben. Seine Mutter war immer für ihn und seine Geschwister zu Hause und hat nicht gearbeitet. Er wurde durch die vielen Beziehungen in seinem Leben sehr positiv geprägt. Es war eine schöne und glückliche Kindheit.

Ich habe genauer nachgefragt, was seine glücklichsten Momente waren. Er erinnerte sich an Familienfeiern und Geburtstage. Verabredungen mit Freunden waren auch dabei. Hier fiel ihm auf, dass er sich lieber mit seinen Freunden draußen getroffen hatte oder bei den Freunden zu Hause. Ich fragte ihn, warum er nicht gerne Freunde bei sich zu Hause empfing. Er brauchte etwas Zeit, darüber nachzudenken. Dann sagte er, dass es vermutlich daran lag, weil seine Mutter ihnen keinen Freiraum ließ. Sie war immer da und mischte sich ein. Das störte Basti enorm. Auch heute noch fragt sie ihn ständig, ob er eine Freundin hätte und wie es denn mit Heiraten und Kindern aussehen würde.

Nach und nach wurde Basti klar, dass sein starker Drang nach einer eigenen Familie zum einen der Druck seiner eigenen Familie war. Es gehörte sich, eine Familie zu gründen. Zum anderen haben ihn im Nachhinein viele Dinge aus seiner Kindheit und Erziehung gestört. Bei seinen eigenen Kindern war er so fest entschlossen, es anders zu machen, dass er nicht mehr warten wollte.

Sein persönliches Umfeld war sehr breit gefächert und so hatte er Freundschaften auf der ganzen Welt geknüpft. Er verbrachte viel Zeit mit Sport und flog ab und zu nach Norwegen zu einem Freund.

Er liebte seinen Job und konnte sich nicht vorstellen, etwas anderes zu machen. Wenn er ehrlich zu sich selbst war, passte dort Frau und Kind nicht ganz so gut rein. Er wollte lieber noch sein Leben als Single genießen.

Wir machten gemeinsam eine Liste aller weiblichen Bekanntschaften, die er in den letzten Jahren geknüpft hatte. Sie entsprachen einem gewissen Muster. Basti zog Frauen an, die nicht genau wussten, was sie wollten. Es waren meist jüngere Frauen zwischen 22 und 26 Jahren. Noch in Ausbildung oder im Studium und wohnhaft bei den Eltern. Sie fühlten sich schnell von ihm unter Druck gesetzt, weil er bei ersten Dates oder bereits beim Chatten über Familie und Kinder Fragen stellte. Er wurde schnell sehr privat auf einer sehr sachlichen Ebene. Er ging in die Position des Interviewers. Natürlich fühlten sich die Frauen dadurch abgeschreckt und brachen den Kontakt ab.

Basti dachte, er würde einfach nur ehrliches Interesse zeigen und war enttäuscht von der Oberflächlichkeit der Frauen. Dabei hatte er viele Schritte des Kennenlernens übersprungen und direkt Fragen gestellt, die man einem Unbekannten ungern einfach so beantworten möchte.

Erst muss gegenseitiges Vertrauen aufgebaut werden. Dies geht nicht, wenn man mit der Tür ins Haus fällt.

Basti verstand, dass er viel zu ungeduldig an die Sache herangegangen ist. Er hatte das Flirten mit den Frauen als eine lästige Zwischenstufe angesehen. Etwas, worauf man verzichten könnte, weil es in seinen Augen in gewisser Weise Zeitverschwendung war.

„Lola, warum kann ich nicht gleich zur Sache kommen? Dann weiß jeder, woran er ist.“

Ich habe diese Frage mit einer Gegenfrage beantwortet.

„Basti, was ist, wenn du zum Arzt gehst und er will direkt deine Befunde sehen und bespricht mit dir die Medikation, ohne zuvor genaue Untersuchungen vorzunehmen. Warum sich mit unnötigen Details aufhalten? Direkt zur Sache kommen, oder?“

„Ja, Moment Lola, aber das ist etwas anderes. Der Arzt muss doch genau wissen, wie es um meine Gesundheit steht und mir darüber Fragen stellen.“

Ich lachte und fragte weiter.

„Was ist, wenn du zum Friseur gehst und willst einen Haarschnitt. Aber er hält keinerlei Smalltalk, sondern kommt direkt zur Sache und schneidet deine Haare. Er hängt dir nicht den Mantel auf, bietet dir keinen Kaffee an und es liegen auch keine Zeitschriften bereit. Warum mit unnötigen Details aufhalten? Direkt zur Sache kommen, oder?“

„Ich finde es nicht wichtig, eine Beziehung mit meinem Friseur aufzubauen“, sagte Basti.

Ich nickte wieder verständnisvoll und fragte weiter.

„Was ist, wenn du einen Lehrer hast, der stumpf nach Lehrplan lehrt. Er lernt die Schüler nicht kennen, versucht nicht, sie zu verstehen. Er zieht einfach sein Programm durch. Direkt zur Sache kommen ist doch super, oder?“

Basti schaute mich nachdenklich an. Ich setzte zum letzten Vergleich an: „Stell dir vor, du gehst in ein Autohaus und willst einen tollen BMW kaufen. Du stehst vor einem Modell. Der Verkäufer will dir aber keine Details zeigen, dich nicht hinein sitzen oder fahren lassen. Du kannst nicht den tollen Geruch eines Neuwagens schnuppern oder den elektrischen Kofferraum ausprobieren. Er sagt dir nur, was das Fahrzeug kostet und wann du es abholen kannst. Direkt zum Wesentlichen kommen, oder?“

So langsam kamen wir der Sache näher. Basti verstand, dass wir nur tiefe Verbundenheit zu einem Menschen aufbauen können, wenn wir das ganze Paket nutzen. Eine Beziehung entsteht nicht, weil wir es beschließen oder stumpf Fakten austauschen. Sie muss gepflegt werden, darf in aller Ruhe wachsen. Die Zutaten dazu sind Geduld, Freude, Spaß und eine große Portion Neugier.

Basti hatte immer versucht, sehr hastig und schnell an sein Ziel zu kommen. Aus Angst, dass ihm ein anderer Mann die Frau wegschnappen könnte. Aus Angst zu warten. Mit der Zeit hatte er verlernt, den Moment zu genießen und die Hast wurde zur Gewohnheit. Schnell eine Frau kennenlernen. Schnell das Gefühl haben, dass dieser Kontakt es zu etwas bringt. Schnell Resultate erzielen fürs gute Gefühl. Schnell erfahren, wer sie ist und was sie vom Leben möchte.

Basti wollte nicht in die Situation kommen, sich am Ende Vorwürfe zu machen, weil er nicht schnell genug zur Sache gekommen ist. Eben dieser Vorsatz führte dazu, dass er die Frauen erdrückte und sie verjagte. Es passierte genau das Gegenteil von dem, was er wollte.

Themen wie Familienplanung, Heirat, Fruchtbarkeit, Expartner oder ob man ein gemeinsames Konto dem getrennten Konto vorziehe – dies sind keine optimalen Themen für ein erstes Kennenlernen. Das sind Themen für eine Beziehung und eine Ehe.

Frauen spüren den Druck, der auf dem Mann lastet. Sie spüren, dass er es zu eilig hat. Als logische Schlussfolgerung ziehen sie sich zurück, denn er scheint direkt ernsthafte Absichten zu haben, ohne sie voll und ganz kennengelernt zu haben. Dies wirkt verdammt unaufrichtig der Frau gegenüber. Es vermittelt ihr den Eindruck, dass er die Nächstbeste nehmen will, Hauptsache eine Freundin.

Halte deswegen immer die Phasen des Flirtens ein.

Expertentipp:

Halte immer die vier Phasen des Flirtens ein und achte darauf, dass du nicht aus Angst welche überspringst. Werde wieder zum Genießer und zeige der Frau, dass du Lust hast, alles von ihr kennenzulernen, bevor es ernst wird.

DIE VERSCHIEDENEN PHASEN DES FLIRTENS

1. **Kennenlernen:** Zum Kennenlernen gehört das Chatten und ein persönliches erstes Treffen an einem unverfänglichen Ort.

   Ein Spaziergang eignet sich hier wunderbar. Hier kann man aktiv etwas tun und so auch viel intuitiver handeln und sich freier bewegen, als wenn man steif auf einem Stuhl sitzt.

   In dieser Phase solltest du keine kritischen Themen ansprechen (Politik, Krankheiten, Ex-Beziehungen, Fetische, Macken, Kriminalität usw.). Alles, was in dieser Phase besprochen wird, verbindet der jeweils andere automatisch mit dem Charakter und dem, „was die Person wirklich ausmacht".

   In dieser Phase solltest du deswegen über alles sprechen, wofür du Leidenschaft empfindest (Hobbys, Sport, künstlerische Talente, Beruf, den du ggf. liebst, Reisen, Autos, tolles Essen, inspirierende Persönlichkeiten in der Welt, prägende Erlebnisse, die dich zu dem gemacht haben, was du bist, Architektur, Museen, Filme, Musik, Theater, weitere Interessen).

   Hier gibt es kein richtig oder falsch. In dem Moment, wo du eine tiefe Leidenschaft für ein Thema empfindest, kannst du auch darüber mit Sternchen in den Augen sprechen. Du brauchst dich nicht verändern, um einer Frau zu gefallen. Es braucht lediglich ein voller Freude ausgestaltetes Leben, das dich erfüllt. In Kapitel 7 gehe ich näher darauf ein.

2. **Tieferes Kennenlernen:** Ihr trefft euch das 2.-4. Mal. In dieser Phase können ruhig auch intimere Themen angesprochen werden und vor allen Dingen solltest du körperlich werden. Streife ihren Arm, zeige ihr, dass du sie attraktiv findest, nimm ihre Hand, schau ihr tief in die Augen. Hier erreichen wir den Höhepunkt des Flirtens.

   Es gibt genau drei Sachen, die du in dieser Phase tun kannst:

   a. Ihr zeigen, dass du sie willst.
      i. Weißt du eigentlich, wie heiß du aussiehst?
      ii. Deine Augen sind unglaublich.
      iii. Wow, du riechst einfach toll.
   b. Ihr zeigen, dass du sie exklusiv treffen willst, indem du ihr das sagst.
      i. Ich will, dass du weißt, dass ich aktuell keine anderen Frauen treffe. Ich will sehen, was das mit uns ist.
   c. Ihr zeigen, dass du nicht nur vielseitig, sondern auch nachdenklich sein kannst.
      i. Wie denkst du über ... (hier kannst du nachdenkliche Themen ansprechen, die dich aktuell bewegen. Zum Beispiel hast du vielleicht aktuell einen Freund, der überlegt, das Land zu verlassen. Du machst dir Gedanken darüber, warum er diesen Schritt geht, und tauschst dich mit ihr darüber aus.).

Eine Frau braucht keinen Blender oder Mann, der nicht zuhören kann oder nur über sich spricht. Genauso wenig braucht ein Mann eine Frau, die den ganzen Tag vor dem Spiegel steht und sich wie die Prinzessin auf der Erbse fühlt. Eins führt zum anderen, wenn du ihrem Blick standhalten kannst und ihr klarmachst: Du bist kein kleiner Junge, der eine Ersatzmami sucht. Nichts ist anziehender für eine Frau als ein Mann, der weiß, was er will und das klar kommuniziert.

Du erinnerst dich bestimmt an Basti und seine voreiligen Fragen über Ehe und Kinder. Bei mehrmaligem Treffen ist der richtige Moment, auch solche Dinge kurz und flüchtig abzuklopfen. Natürlich solltest du keine Grundsatzdiskussion über Hochzeit oder Kinderplanung beginnen. Dennoch ist es ab einem gewissen Punkt wichtig zu erfahren, in welche Richtung sich diese Beziehung entwickelt.

Bleibt es bei einem sympathischen aufregenden Kontakt oder kann daraus auch mehr werden?

3. **Die gleiche Sprache beim Flirten sprechen:**

Es gibt in der Kennenlernphase immer eine Person, die die Führung übernimmt. Es hält sich allgemein betrachtet die Waage, ob das nun die Frau oder der Mann ist.

Wenn die Frau die Führung übernimmt:

Du kannst dir nie sicher sein, ob gerade alles okay ist. Sie ist in einem Moment offen zu dir und im anderen verschlossen. Sie reagiert intuitiv. Falls du ihr nicht genug Signale sendest, wird sie unsicher und wird sich zurückziehen. Du wirst das als Desinteresse bewerten und ihr ggf. Vorwürfe machen. Diese Art von Missverständnis ist meist der Anfang vom Ende. Kontakte, bei denen die Frau die Führung übernimmt, können klappen, wenn die Frau schon von Anfang an Interesse hat und sich sicher ist, dass es bei dir genauso ist.

Wenn der Mann die Führung übernimmt:

Du agierst voll in deiner Mitte. Bestimmst beispielsweise Ort und Zeitpunkt der Dates. Du bestimmst überwiegend Gesprächsthemen, indem du begeistert von deinen Leidenschaften erzählst. Ihr wird es leichtfallen, darauf einzugehen und dann auch von alleine etwas von sich zu erzählen. Du gehst nicht in die

Position des Interviewers, wie es Basti zu Anfang getan hat. Ihr bewegt euch auf einer Augenhöhe. Achte darauf, dass du zeigst, dass du dich klar entscheiden kannst. Falls sie dich fragt, was du trinken oder essen möchtest, antworte nicht mit einer vagen Aussage. Antworten wie „Ich weiß es nicht“ und „Das ist schwierig“ zeigen, dass du ein unentschlossener Mensch bei den kleinsten Dingen bist. Du machst bereits Kleinigkeiten zu Problemen. Dies macht euren anfänglich wachsenden Kontakt nicht mehr so luftig leicht, sondern beschwerlicher. In einer beschwerlichen Atmosphäre ist Flirten nicht möglich. Deswegen trainiere dich selbst darauf, in jeder Situation klare und schnelle Entscheidungen zu treffen. Du bist kein Bombenentschärfer, der sich zwischen Blau und Rot entscheiden muss. Es passiert nichts Schlimmes, wenn du dich fix entscheidest. Doch dir selbst und der Frau zeigst du damit, dass du die Führung übernehmen kannst. So erlangst du nach und nach auch viel Respekt dir selbst gegenüber.

Wenn Männer die Frau am Anfang zu viel ausfragen, erweckt das schnell den Eindruck, als würden sie sie ausquetschen wollen. Es sollte sich immer die Waage halten, wie viel beide von sich erzählen und preisgeben.

Gerade die Flirts zu Anfang werden getragen von etwas Geheimnisvollem. Nicht alles vom anderen zu wissen, ist aufregend und hilft, eine knisternde Stimmung aufrechtzuhalten. Ihr bewegt euch gemeinsam in dieser Bubble und baut so erste Gefühle auf. Die ersten Gefühle sind keine tiefe Liebe und Verbundenheit. Es sind Schmetterlinge, die dir Gänsehaut und ein leicht mulmiges Gefühl machen. Ab und zu atmest du tief ein und fragst dich: Hab ich die letzten Minuten nicht geatmet? Du bist wie in einer angenehmen Trance und genießt.

Basti sagte einmal zu mir: „Lola, ich kann keinen Augenkontakt halten, ich werde dann nervös.“ Ich fragte ihn, wann er beschlossen hatte, dass das so wäre.

Für mich ist immer wichtig zu wissen, anhand welcher Erinnerungen und Erlebnisse du festmachst, dass eine Sache bei dir in Stein gemeißelt ist.

Basti sagte: „Damals in der Schule haben immer alle Mädchen zu mir gesagt, dass ich sie nicht so anstarren sollte. Ich wäre ein Freak, sagten sie.“

Wir sprachen länger über seine Erinnerungen und er stellte fest, dass er das Anstarren von früher, das bei ihm bemängelt wurde, mit dem Tief-in-die-Augen-Schauen beim Flirten gleichgesetzt hatte. Ein intensiver flirty Blick ist nur dann wirklich flirty, wenn er auch erwidert wird. Von Weitem angestarrt zu werden, ist für niemanden besonders angenehm. Nach und nach differenzierte Basti seine Erinnerungen von der Schule mit der aktuellen Situation. Flirten bedeutet keineswegs, der Frau auf die Nerven zu gehen.

Die gleiche Sprache beim Flirten zu sprechen, bedeutet, dass sich beide über den Flirt einig sind. Das merkst du daran, wenn sie deine langen Blicke erwidert oder peinlich berührt auf den Boden schaut. Wenn sie charmant die Mundwinkel hochzieht und dich manchmal frech angrinst. Du neckst sie, weil sie einen Mädchencocktail trinkt. Sie behauptet wenig später, sie würde im Armdrücken gegen dich bestimmt gewinnen. Du lachst sie aus und nennst sie Zwerg.

Flirten bedeutet nicht, in einer Tour anzügliche Bemerkungen zu machen. Ein kleiner Schlagabtausch kann auch ein Flirt sein.

4. **Den Flirt frisch halten:** Die vierte Phase des Flirtens beginnt ab dem Punkt, wo die Schmetterlinge verflogen sind und der Alltag sich einstellt. Ihr seid bereits über sechs Monate zusammen und die ersten Streits sind überstanden. Neben euren neu

entwickelten Routinen gibt es den einen oder anderen Moment, der ruhig wieder aufregend und flirty sein darf.

Flirty Momente im Alltag

- Ihr steht morgens in der Küche und macht euch für die Arbeit fertig. Nimm dir genau 15 Sekunden und geh auf sie zu. Schau ihr tief in die Augen und lächle leicht. Zieh sie dann an der Hüfte zu dir heran und lege eine Hand in ihren Nacken. Flüstere ihr ins Ohr, dass du sie liebst und dich auf heute Abend freust.
- Ihr seid einkaufen und steht gemeinsam an der Kasse. Eine ganz normale Situation, die manche sogar als unangenehm empfinden, wenn die Schlange zu lang und der Kassierer zu langsam ist. Greife nach ihrer Hand, streiche über ihren Handrücken und sage: „Deine Haut ist so weich, ich mag das." Wenn du möchtest, kannst du ihr dabei auch zuzwinkern.
- Ihr geht gerade auf die Haustür eurer Freunde zu. Es wird ein entspannter Spieleabend. Bevor sie klingeln kann, schnappst du sie und ziehst sie an dich ran. Geh mit deinem Gesicht nah an ihren Hals und sag zu ihr: „Du riechst unfassbar gut, weißt du das?"

Suche wie ein Detektiv nach den kleinen Momenten im Alltag, die eure Liebe frisch halten. Zeige ihr deine unstillbare Zuneigung und Sympathie durch die kleinen Gesten.

Es gibt unzählige Beispiele, wie du im Alltag flirty Momente hervorrufen kannst. Du zeigst damit deiner Partnerin: „Ich finde dich immer noch unglaublich anziehend. Dafür muss ich kein 5-Sterne-Dinner oder Wellness-Wochenende buchen. Ich kann es dir hier und jetzt jederzeit zeigen und genieße es."

Sei ein Genießer aller Momente und zeige der Frau, wie wohl du dich fühlst.

Am Ende, wenn du nach 20 oder 30 Jahren auf eine leidenschaftliche Beziehung und Ehe zurückschaust, dann hat sie nicht so lange gehalten, weil ihr euch einig über die Versicherungen oder Konten wart. Sie hat gehalten aus Leidenschaft und Liebe und weil ihr miteinander lachen und Spaß haben konntet. Ihr habt euch und die Welt nicht so ernst genommen. Das ist am Ende der Dreh- und Angelpunkt, warum Paare sich jahrzehntelang lieben und tiefe Verbundenheit verspüren.

Aus einem Pflichtbewusstsein heraus oder aus innerem Zwang eine Ehe zu schließen und ein Leben lang fortzuführen, ist nicht erstrebenswert. Es bringt dir weder Glück noch Zufriedenheit.

Es ist nie zu spät, wieder Leidenschaft mit seiner Frau zu verspüren. Dazu gehört auch: Zufrieden sein, aber sich nicht zufriedengeben.

CHECKLISTE KAPITEL 3:

- ✦ Vertrag mit dir selbst ausfüllen
- ✦ Die 4 Phasen des Flirtens kennenlernen
- ✦ Deine Leidenschaften aufschreiben
- ✦ Augenkontakt im Alltag üben
- ✦ Kleine Spontan-Flirts üben
- ✦ Paare in deinem Umfeld beobachten

In meinem Kurs „Die Kunst des Flirtens“ erkläre ich die vier Flirtphasen noch genauer. Sichere dir jetzt den Videokurs, um noch intensiver an der Thematik zu arbeiten.

KAPITEL 4

Verschiedene Arten von Flirttypen

Die verschiedenen Arten von Flirttypen beschäftigen dich sicherlich. Die Frage „In welche Kategorie kann ich mich einordnen?" ist sehr wichtig und natürlich auch interessant.

Die gute Nachricht vorweg: Dein aktueller Flirttyp ist nicht in Stein gemeißelt. Das heißt, wenn du dir jetzt gerade dachtest „Ich bin der Typ, der gar nicht flirtet und sich lieber hinter seinen Kumpels versteckt", dann brauchst du dir darüber keine Gedanken zu machen. Bei den meisten Menschen, und damit schließe ich Frauen ein, sind Flirtkünste seltener zu finden als eine Herde Einhörner.

Hier haben wir nun schon unseren ersten Flirttyp identifiziert. Darf ich vorstellen, den Typ **„Ich flirte gar nicht"**.

Ist das aus Überzeugung? Nein. Oft liegt es daran, dass für sich selbst noch nicht definiert wurde, was Flirten eigentlich heißt. Muss immer die Luft spürbar brennen? Braucht es dafür kesse Sprüche oder heiße Tango-Tänze?

Flirten startet damit, dass ein Mann und eine Frau sich entdecken und interessant finden. Zu diesem Zeitpunkt weiß noch keiner von beiden mit Sicherheit, dass es erwidert wird. Du erinnerst dich an unser Bären-Pärchen aus dem ersten Kapitel? Der Tanz beginnt. Aber kein normaler Tanz auf dem Parkett mit Musik, sondern der Tanz von Blicken, Worten und Berührung.

Somit haben wir unseren zweiten Flirttyp identifiziert. Der **„Ich mach es einfach mal"-Typ.** Dieser Flirttyp hat Kontakt zu Frauen und würde von sich behaupten, dass er auf jeden Fall schon einmal in seinem Leben geflirtet hat. Er kann dies zwar nicht konkret benennen, aber ihm fallen ein paar Kneipenbesuche, Firmenfeiern oder Geburtstage ein, wo Gespräche mit Frauen vorgekommen sind. „Muss reichen" ist ein beliebtes Motto dieses Flirttyps.

Er macht die eine oder andere flapsige Bemerkung, bekommt auch mal einen Korb. Aber im Großen und Ganzen hat er es nicht immer vergeigt, sondern auch Erfolge verbucht.

Dieser Flirttyp zeichnet sich vor allen Dingen dadurch aus, des Öfteren in die Friendzone zu kommen. Warum? Weil er oft den guten Zuhörer gibt. Er hört den Frauen aufmerksam zu, nickt sehr oft und lacht laut, wenn sie etwas Lustiges gesagt haben.

Unterm Strich: Er gibt ihnen zu viel Bestätigung. Dadurch fassen sie sehr schnell Vertrauen und bekommen ein freundschaftliches Gefühl. Er meint es sicher nur gut, allerdings führt das vertrauensvolle Gehabe schnell dazu, dass sie sich an Gespräche mit guten Freundinnen erinnert fühlt. „Wow, endlich mal ein Mann, mit dem man einfach reden kann, der keine Hintergedanken hat."

Die Frau sagt das nicht, weil sie sich zu 100 % in ihrem Leben nur Männer wünscht, die sie in die Friendzone verbannen kann. Die Mischung macht es. Das heißt, Männer, die sehr offensiv vorgehen und forsch flirten, sind logischerweise kein Friendzone-Material.

Hier kommen wir nun zu unserem dritten Flirttyp. Ich nenne ihn der Einfachheit halber den **„Casanova"**.

Du wirst jetzt vielleicht laut schreien und sagen: „Hey Lola, was soll dieses Schubladendenken?" Wer mich und meine Kurse und Videos kennt, weiß, dass ich die Dinge gerne sehr vereinfacht darstelle. Zum einen versteht jeder schnell ohne viel Fachchinesisch, worum es geht. Zum anderen sind so die Beispiele leichter umsetzbar im Alltag.

Was hat nun unser Casanova, was andere nicht haben? Er ist frech, bewertet das, was er sagt, nicht immer so kritisch und wirkt dadurch selbstbewusst. Das Selbstbewusstsein überträgt er auf die Frau. Im Gespräch geht es demnach nicht um Defizite oder schüchternes Gehabe. Er redet Klartext. Er macht eine Bemerkung über ihre Schuhe oder ihren Rock. Es klingt gerade noch wie ein Kompliment, aber eigentlich ist es auch ein bisschen frech. Ich nenne es gerne die Angry-Compliments. Kennst du das? Frauen verwenden es gerne untereinander.

Beispiele von Angry-Compliments:

- Also für eine Frau mit kurzen Haaren siehst du unglaublich scharf aus.
- Dein Rock ist so kurz, der gehört eigentlich verboten!
- Mit den Schuhen kannst du auch in einer Table-Dance-Bar anfangen.
- Wie machst du das, so normal zu sein und trotzdem unter all diesen Frauen hervorzustechen?

Angry-Compliments können den anderen in gewisser Weise verunsichern. Er fragt sich dann: „War das nett gemeint oder doch eine Kritik?“ Auf den ersten Blick wirkt es so wie ein Kompliment. Beim näheren Betrachten ist es aber auch eine scharfe Kritik oder leicht beleidigend. Schmeißt der Casanova mit solchen Sprüchen den Feminismus aus dem Fenster? Ich kann es dir nicht sagen, das muss jeder für sich selbst entscheiden. Eins ist aber sicher: Ein frecher Flirt ist mehr wert, als jeden Satz auf die Goldwaage zu legen. Hier zählt nicht nur das Ergebnis, sondern auch, ob der Weg dorthin Spaß gemacht hat.

Bei Angry-Compliments musst du aber auch aufpassen, denn diese Sprüche können in die Hose gehen:

- Für eine Frau in deinem Alter siehst du wirklich gut aus.
- Deine Figur würde nicht jedem stehen.
- Ich glaube, ich wäre total überfordert, wenn ich mit dir zusammen wäre.
- Du bist so komplex, gehts auch einfacher?
- Ist das Kleid schon älter?

Du merkst, bei diesen Sprüchen schwingt das Kompliment eventuell auch mit, aber es ist auf einer anderen Ebene. Es ist unsexy und die Frau denkt weniger über das Kompliment nach als über den negativen Kontext. Lerne mit der Zeit die richtigen Komplimente zu finden. Mach ein kleines Projekt daraus, auf welche Komplimente Frauen am besten reagieren. Das Arbeitsbuch kann dir in Kapitel 4 dabei helfen, einen Überblick zu bekommen, welche Komplimente am besten passen und worauf du in Zukunft verzichten solltest. Du kannst als kleinen Selbstversuch aus den beiden Kategorien alternierend einen Satz heraussuchen und in deinem Umfeld anwenden. Mit der Zeit merkst du, dass Frauen auf die eine Art der Komplimente viel besser reagieren als auf die andere.

Du hast das Arbeitsbuch noch nicht? Unter folgendem QR-Code kannst du es bestellen:

Mein Kunde Jonas war im Freundeskreis auf eine kleine Feier eingeladen. Er ist spontan hingegangen und hat an diesem Abend nicht damit gerechnet, dass eine neue Frau dabei war. Eine gemeinsame Freundin hatte sie mitgebracht. Fast alle anderen Anwesenden waren Pärchen und normalerweise war er schon daran gewöhnt, der einzige Single zu sein. Heute sollte es anders werden.

Jonas war einer der Ersten, weil er seinen Freunden half, das Büfett aufzubauen. Es sollte einfach eine schöne kleine Feier zum Ende des fünften Semesters werden. Sie wollten Beer Pong spielen und Cocktails mixen.

Jonas ging es verdammt gut, denn er hatte alle Prüfungen erfolgreich bestanden und war deswegen in Feierlaune. Schon während des Aufbaus tranken sie einige Cocktails und probierten mit den Zutaten herum. Es klingelte an der Tür.

„Soll ich aufmachen?“, fragte Jonas. „Ja, bitte“, sagte Lea, eine der Gastgeberinnen. Sie war mit Jonas bestem Kumpel Phil zusammen. Er ging gut gelaunt zur Tür und riss sie auf. „Was geeeeeeeht“, sagte Jonas und sein Blick entgleiste. Es waren nicht seine Freunde, die vor der Tür standen, sondern eine fremde Frau. „Hey“, lachte sie. Es amüsierte sie zu sehen, dass Jonas jemand anderen erwartet hatte. „Hi, wohin willst du?“, fragte er plump. „Rein vielleicht?“, sagte sie. „Ja klar, dann komm rein.“ Jonas fing sich so langsam wieder. Aber so richtig verstand er nicht, wer das war. „Lea, hier ist jemand“, rief er. „Ahh, wie schön, dass du da bist“, schrie Lea und hüpfte auf ihre Freundin zu. „Ich freu mich auch, danke für die Einladung“, sagte die Neue. Sie hielt zwei Flaschen Sekt hoch, an die sie rosa Schleifen gebunden hatte und überreichte sie Lea. „Den Salat hab ich noch in der Tasche“, sagte die Fremde. „Super, ich kann ihn nochmal in den Kühlschrank stellen“, sagte Lea. Jonas fühlte sich langsam etwas unwohl in seiner Haut. Erst war er zum Türöffner degradiert worden und jetzt wurde die Neue ihm nicht mal vorgestellt. Er traute sich aber auch nicht, ihr einfach die Hand zu reichen und sich vorzustellen. Also wartete er einfach ab, was passierte. Die Mädels unterhielten sich immer weiter und die Situation wurde immer unangenehmer für Jonas.

In diesen Situationen dachte er immer an seinen Flirtcoach Lola Sparks. „Was würde Lola tun?“, fragte er sich. Es war vollkommen klar, was Lola getan hätte. Sie hätte schon von Anfang an reagiert und sich vorgestellt, der Neuen die Hand gereicht und gefragt, wie sie heißt. Er atmete tief durch. Die Entscheidung war gefallen.

Er öffnete den Mund und sagte: „Ich bin üb ..." Aber weiter kam er nicht. „Looos, wir gehen endlich REIN", kreischte Lea und zog ihre Freundin den Flur entlang ins Wohnzimmer. „Schuhe kannst du anlassen. Ich muss dir erst mal die Wohnung zeigen." Jonas stand da wie ein Idiot und hatte das Gefühl, er verließ gerade seinen Körper und beobachtete von oben das Szenario. Blöder hätte es nicht laufen können.

Nie kam jemand Neues in die Runde. Sie waren immer unter sich. Somit hatte er auch nie die Chance, jemanden kennenzulernen. Seine Freunde waren zwar gesellig, aber blieben am liebsten bei jemandem zu Hause. Sie hatten sich relativ früh am Anfang des Studiums kennengelernt und waren alle zusammengeblieben. Nach und nach hatte sich die Clique gebildet. Doch Jonas blieb allein.

Er wusste aber auch warum. Wegen genau solchen Situationen. Weil er nie gelernt hatte, für sich einzustehen und sich das zu holen, was er wollte. Lag das an seinem Sternzeichen? Zwilling? Es stimmte, er hatte manchmal Schwierigkeiten, sich zu entscheiden. Aber sollte das sein Schicksal bedeuten?

> *„Schicksal ist auch nur eine Entscheidung."*
>
> LOLA SPARKS

Jonas ging nun auch Richtung Wohnzimmer. „Hey Anna!", brüllte Phil von der Küche herüber. Okay, also Anna hieß sie. Er versuchte, sich den Namen zu merken. Anna lächelte Phil an und unterhielt sich dann weiter mit Lea. Sie hatten sich offenbar schon länger nicht mehr gesehen. Lea hatte vor ihrem jetzigen Studiengang schon etwas anderes studiert und Jonas konnte heraushören, dass sie sich von dort kannten. Anna war inzwischen fertig mit ihrem Studium und hatte einen Job.

Nun musste aber langsam etwas passieren. Sie denkt doch bestimmt, ich bin ein totaler Trottel, dachte Jonas. Er bemerkte, dass sie noch nichts zu trinken hatte. Das war seine Chance. „Anna?“, fragte er etwas zu laut. Alle Augen richteten sich auf ihn. Damit hatte er nicht gerechnet. Er hätte einfach direkt weiterreden sollen. Die Blicke machten ihn nervös. Er war es nicht gewohnt, dass er so viel Aufmerksamkeit bekam. In den Gesprächen mit seinen Freunden nahm er auch meist eher die passive Rolle ein. „Willst du etwas trinken?“, stotterte er. Anna schaute ihn immer noch ratlos an. Lea grätschte wieder rein. „Also wir haben Cocktails, du kannst dir einen aussuchen, die Rezepte liegen dort. Oder willst du Wasser oder Cola?“, plapperte Lea. „Erst mal Cola light, danke“, sagte Anna.

Jonas nahm ein Glas und goss Anna Cola ein. „Du siehst gar nicht aus, wie jemand der Cola light trinkt“, sagte er zu ihr. „Wie sieht denn jemand aus, der Cola light trinkt?“, fragte sie entsetzt. „Na ja, du bist ja ganz dünn. Du musst doch keine Kalorien zählen“, sagte er. Dieses Gespräch ging so schief, es verdient einen Platz im Museum der Kuriositäten, dachte Jonas. Lea schaute ihn auch ganz entsetzt an. Irgendwie wollte aber keiner die Situation so recht retten. „Also meinst du, dass nur dicke Menschen Cola light trinken, weil sie abnehmen wollen?“, fragte Anna. „Nein, so meinte ich das nicht. Egal“, sagte Jonas.

Anna wandte sich ab und fing wieder an, mit Lea zu reden. Es klingelte wieder und Jonas ging zur Tür. Nach kurzer Zeit war die Wohnung voll und er war vollauf damit beschäftigt, mit seinem Freund die Cocktails zu mixen. Es wurde ein lustiger Abend. Jonas hatte schon damit abgeschlossen, dass er mit Anna mehr reden könnte. Plötzlich stand sie vor ihm. „Machst du mir einen Tequila Sunrise?“, fragte sie. Jonas schaute sie an. Er war schon etwas betrunken. „Bist du dir sicher?“, fragte er. „Wieso?“, fragte sie. „Das ist ein ordinärer Cocktail“, sagte er mit einem Augenzwinkern. Anna schaute ihn entgeistert an und sagte: „Also willst du damit sagen, ich bin ordinär?“ Mist, dachte Jonas. Hatte er sie jetzt beleidigt?

Anna fing an zu lachen. Jonas war erleichtert. Da hatte er für einen kurzen Moment gedacht, dass sie nun wirklich beleidigt wäre. Der Abend nahm seinen Lauf und es wurde noch sehr lustig. Es kamen noch ein paar Momente, wo die beiden einen Schlagabtausch hatten. Später fragte sie auch, wie sein Name wäre. Sie sprachen über ihre Studiengänge und was Anna jetzt für einen Job hatte. Jonas erzählte von seinen ehrenamtlichen Tätigkeiten und der letzten Feier, die die Freunde ausgerichtet hatten. Beide fühlten sich sehr wohl.

Was aus Jonas und Anna geworden ist? Sie haben sich nach der Feier nicht mehr gesehen. Jonas versuchte noch, über die gemeinsame Freundin Annas Nummer rauszubekommen, aber die sagte, dass Anna es nicht wollte.

Warum die Geschichte kein Happy End hat? Weil es keine Geschichte ist, sondern das echte Leben. Nicht jeder Flirt und jeder Kontakt endet in einer Beziehung oder in einem One-Night-Stand. Es gibt auch den Fall, dass man nur eine Begegnung hat und das war es. Aber eins kann ich dir sagen: Jonas hat nie wieder die falschen Angry-Compliments gemacht.

CHECKLISTE KAPITEL 4:

- Verschiedene Flirttypen kennenlernen
- Unterschied von Angry-Compliments und Nice-Guy-Komplimenten verstehen
- Komplimente aktiv anwenden

KAPITEL 5

Die Buchstabenmaschine

Die Kunst, mit einer Frau nicht nur zu sprechen, sondern zu flirten, wird oft als etwas Besonderes angesehen. Wow, dieser Mann kann aber toll mit Frauen sprechen. Ich wäre gerne wie er. In diesem Kapitel möchte ich dir gerne die andere Seite zeigen. Was geht in einem Mann vor, der wie eine Buchstabenmaschine funktioniert. Dazu möchte ich dir später noch die Geschichten von Nic und Jonas erzählen.

Es ist Fluch und Segen, mit Frauen gut umgehen zu können. Die Menschen erwarten automatisch mehr von dir, fordern dich mehr heraus. Es kann zu einer Sucht und zu einem Spiel werden, immer wieder Frauen zu erobern. Er ist nie zufrieden und sucht immer weiter nach neuen Herausforderungen. Vor lauter Erfolg definiert er seinen Selbstwert und sein Selbstbewusstsein darüber, wie viele Frauen er bereits im Bett hatte. Das muss natürlich nicht sein. Es gibt auch Männer, die einfach Spaß daran haben, mit Frauen zu flirten und sich unglaublich wohl dabei fühlen. Doch oft benutzen Männer auch Frauen zu ihren Zwecken.

Ich nenne es den Barney-Stinson-Komplex. Du kennst bestimmt die Serie „How I met your mother". Barney Stinson verkörpert alles, was ein Mann gerne werden möchte, um Frauen zu beeindrucken. Er ist beruflich erfolgreich, hat eine tolle Wohnung und unzählige Möglichkeiten, wie er Frauen von sich überzeugen kann.

Allesamt sind es natürlich höchst unmoralische Strategien, die er anwendet. Er lügt und betrügt, um Frauen für sich zu gewinnen. Dieser Stereotyp ist gar nicht so selten da draußen zu finden. Er zeigt sich vielleicht nicht sofort, aber wenn du mehr Zeit mit einem Mann verbringst, dann finden sich bei jedem gewisse Barney-Eigenschaften. Diese Männer sind sehr unzufrieden und aus tiefstem Herzen traurig. Mache dir deswegen bitte nie zum Ziel, so zu werden. Es mag von außen schön anzusehen sein, ist in der Realität aber nicht erstrebenswert.

Was bleibt, ist das Gefühl, dass die nächste heiße Frau an der nächsten Ecke wartet. Das Gefühl, dass bei einer Feier alle Frauen dich wollen und dich anschauen. Diese Männer haben einen Konkurrenzkampf mit sich selbst. Einen Kampf mit ihrem eigenen Vergangenheits-Ich. Dem Mann, der letzte Woche noch diese heiße Blondine im Bett hatte. Wer wird es diese Woche sein?

Du hast irgendwann nicht mehr das Gefühl, dass sie Dinge für sich tun. Sie tun sie nur noch, weil es nach außen hin gut aussieht und ihnen einen kurzen Kick verschafft.

Wahres Glück und Zufriedenheit erfahren die Männer, die wirklich ihr Ding machen und im Reinen mit sich sind.

Sie gehen nicht zum Fußball, weil es interessant klingt, einer Frau davon zu erzählen. Sie kicken nicht, weil Frauen auf Fußballer stehen. Als Erwachsener Fußball zu spielen, garantiert meistens auch eher einen Bierbauch als die Anerkennung der Frauen. Jeder, der schon einmal in einer Laienliga gespielt hat oder Gast war, weiß, wovon ich spreche.

Sie studieren nicht BWL oder Jura, damit sie eine Frau beeindrucken können. Sie tragen schicke Kleidung, um andere einzuschüchtern oder sich abzuheben. Du kannst bei Frauen ein erfolgreicher Mann sein, ohne zu lügen und zu betrügen.

Ich möchte dir in diesem Kapitel gerne zunächst von Jonas erzählen. Er kam vor einigen Jahren zu mir ins Coaching, weil er nicht mehr weiter wusste. Jonas war ein sehr positiver und fröhlicher Mann. Er hatte eine tolle Familie, einige gute Freunde und war auch am Wochenende gerne unterwegs. Er konnte mir von unzähligen Reisen berichten und auch beruflich war er sehr zufrieden. Neben seinem Hauptjob hatte er sich selbstständig gemacht und arbeitete weiter an seinen Zielen. Doch mit den Frauen hatte er immer ein Problem. Nachdem seine langjährige Freundin sich von ihm wegen eines anderen Mannes getrennt hatte, wurde ihm der Boden unter den Füßen weggerissen.

Er hatte sehr lange an der Trennung zu knabbern. Nach einigen Jahren fing er wieder an, Dates zu haben. Er war damals 42 Jahre alt. Aus den Dates wurden ab und zu auch One-Night-Stands oder er hat die Frauen auch einige Wochen getroffen. Nach einiger Zeit wiederholte sich aber folgendes Szenario: Es kam zu einer Diskussion oder kleinen Unstimmigkeit. Zum Beispiel, weil die Frau zu kurzfristig absagte oder er mit ihr unterwegs war und ihr einen Freund vorstellte.

Durch die kurzfristige Absage fühlte er sich abgewiesen und klein. Er fing an, mit ihr zu streiten und machte ihr Vorwürfe, dass sie sich nicht die Zeit für ihn nahm, die er verdient hatte. Beleidigt und gekränkt brach er den Kontakt mit der Frau ab.

Einmal konnte er sich mit einer der Frauen aussprechen, weil sie sich ein paar Tage später für die kurzfristige Absage entschuldigte. Sie hätte nicht gedacht, dass das für ihn so ein großes Problem darstellte.

Sie fühlte sich an diesem Tag nicht wohl und wollte deswegen lieber zu Hause bleiben. Beide rauften sich noch einmal zusammen und trafen sich ein paar Wochen. Jonas konnte den Streit wegen der kurzfristigen Absage aber nicht loslassen und sprach sie nach ein paar Wochen erneut darauf an, dass er es einfach nicht verstehen konnte, warum sie ihm abgesagt hatte. Er ritt immer weiter auf dieser Banalität herum, die für ihn so schwerwiegend war und wie ein großer Stein im Magen lag. Sie brach daraufhin endgültig den Kontakt ab.

Es konnte mit den beiden nichts werden, wenn bereits Kleinigkeiten mehrere Wochen zu Diskussionen führten. Jonas initiierte diese Streits aus einer Unsicherheit heraus, die er selbst kaum wahrnahm.

Bei den Treffen mit Freunden war es das Gleiche. Er stellte eine andere Frau seinem Kumpel vor. Sie aßen zusammen etwas und unterhielten sich über Gott und die Welt. Wenn Jonas auf Toilette ging, beobachtete er, wie seine Neue weiter angeregt mit seinem Kumpel sprach und lachte. Aus ihrer Perspektive gab sie sich einfach Mühe, sich mit seinen Freunden gut zu verstehen. Für Jonas war es, als hätte sie mehr Interesse an seinem Freund als an ihm. Er fühlte sich klein und unwichtig.

Ich muss dir wohl nicht erzählen, dass auch dieser Kontakt in Streit endete und letztendlich auseinanderging.

Jonas wurde immer frustrierter. Er war doch so ein erfolgreicher Mann. Warum wollten die Frauen ihn nicht? Das war sein Gedanke. Ihm schien doch irgendwas zu fehlen. Er entwickelte einen extremen Groll gegen alle Frauen. Sie wären doch nur geldgeil und er hatte wohl zu wenig Geld, das Auto war zu klein oder die Wohnung in einem schlechten Stadtteil. Auf alles schob er seine Lebensumstände, nur an sich selbst war er nicht bereit zu denken. An ihm könnte es doch auf keinen Fall liegen. Es lag an den egoistischen und oberflächlichen Frauen.

Wir brauchten etwas länger, bis Jonas auffiel, dass es sich hier um ein Muster handelte. Durch die Zurückweisung seiner Exfreundin hatte er Defizite entwickelt. Diese übertrug er auf jeden Kontakt, den er neu aufzubauen versuchte.

Seine Freundin hatte ihn für einen anderen Mann verlassen. Ich fragte ihn, wie viel er von dem anderen Mann wusste. Er erzählte mir, dass sie ihn beim Sport kennenlernte. Er hatte keinen besonderen Beruf und sah seiner Meinung nach auch nicht wirklich gut aus.

Die beiden verbanden viele Gemeinsamkeiten und so trainierten sie des Öfteren zusammen und verliebten sich. Jonas und seine Ex hatten nicht viel, was sie all die Jahre verband. Die Beziehung bestand lediglich aus Fernsehen und ab und zu gemeinsam einkaufen gehen und kochen.

Ansonsten lebte jeder sein Leben und abends gingen sie zu unterschiedlichen Zeiten ins Bett. Sie hatten ihre gemeinsamen Ziele und Vorlieben völlig aus den Augen verloren. Deswegen war seine Exfreundin auch offen für etwas Neues. In dem anderen Mann fand sie all die verloren gegangenen Freuden und gemeinsamen Unternehmungen, die ihr bei Jonas fehlten.

Manche Beziehungen sind stabil genug und überstehen diese Phasen. Offene Kommunikation ist hier sehr wichtig. Du kannst zu deinem Partner gehen und sagen: „Schatz, ich fühle mich von anderen Männern angezogen. Ich habe das Gefühl, uns fehlt XY und deswegen suche ich es offenbar bei anderen. Ich liebe dich, lass es uns nicht so weit kommen und lass uns gemeinsam wieder an unserem WIR arbeiten."

Wenn der Partner ebenfalls daran arbeiten möchte, dann reagiert er ebenso besonnen auf diese Aussage und sagt: „Mich schockt es etwas, weil ich es nicht kommen sah. Für mich war bis eben alles in Ordnung. Doch ich liebe dich und will mit dir daran arbeiten. Sag mir, was du brauchst."

Oftmals findet aber weder das eine noch das andere statt. Wir Menschen sind keine Buchstabenmaschinen, die sich immer unter Kontrolle haben.

Ich fragte Jonas, wie er darauf reagiert hätte, wenn seine Freundin mit ihm gesprochen hätte. Er brauchte etwas, um darauf zu kommen. Wenn er ganz ehrlich zu sich war, schlussfolgerte er, dass er eher einen Streit angefangen und ihr Vorwürfe gemacht hätte. Er wäre nicht dazu in der Lage gewesen, die Beziehung zu retten, sondern hätte es vermutlich verschlimmert.

Aus Angst, nicht genug für eine Person zu sein, klammern wir uns an alles, was wir noch haben. Was dann passiert, ist genau das Gegenteil, was wir uns wünschen.

Allen Altlasten zum Trotz fing Jonas wieder an, Frauen zu daten und anzusprechen. Ich sagte ihm, er solle sich selbst ein wenig so sehen wie eine Buchstabenmaschine. Dahinter stand der positive Glaubenssatz: „Ich weiß immer genau, was ich sagen soll und es wird das Richtige sein."

Siehst du auch Frauen in deinem Umfeld, die du gerne ansprechen würdest? Fakt ist, dass die wenigsten Frauen auf der Straße angesprochen werden. Fakt ist auch, dass Frauen nicht gerne auf der Straße angesprochen werden. Das bedeutet, ein kompletter Kaltkontakt auf der Straße ist meiner Meinung nach für beide Parteien verdammt unangenehm.

Du wirst jetzt vielleicht aufatmen, weil du nicht besonders gerne Frauen auf der Straße ansprichst. Es hagelt Körbe und das Selbstbewusstsein rutscht ab. Nur wenige fühlen sich nach einem Korb so, als könnten sie Bäume ausreißen.

Viele Straßenaufreißer oder andere selbsternannte Coaches im Internet greifen auf die Holzhammermethode zurück. „Sprich einfach so viele Frauen auf der Straße an, wie du nur kannst.

Irgendwann wirst du damit umgehen können und es wird besser." Diese Abstumpfmethode macht aber noch lange keinen zufriedenen Mann aus dir. Ich rate aus verschiedenen Gründen eindringlich davon ab, Frauen auf der Straße anzusprechen.

Wann ist es sinnvoll, eine Frau auf der Straße anzusprechen?

- Wenn du gut drauf bist.
- Wenn du dich „stabil genug" fühlst.
- Wenn dir spontan einfällt, was du sagen könntest.
- Wenn ihr euch vom Sehen her kennt und es kein kompletter Kaltkontakt ist.

Das Schöne ist, dass auch hier die Buchstabenmaschine hilft. Einmal einen guten Opener ausgedacht, kannst du ihn unendlich oft anwenden. Die Frau, die du ansprichst, weiß ja nicht, dass du ihn bereits häufiger genutzt hast. Mit der Zeit wirst du bei diesem Opener aber immer sicherer, je häufiger du ihn benutzt. Zum Ansprechen von Frauen braucht es keine interessanten oder lustigen Witze. Du musst dir nichts aus dem Ärmel schütteln, damit es möglichst cool klingt. Sie kennt dich nicht, deswegen ist schonungslose Ehrlichkeit das Beste, was du machen kannst. Sobald du nicht über die unangenehmen Themen sprichst, sondern dich wohlfühlst mit dem Gesprächsthema, kannst du wachsen und bist gewillt, die Flirtsituationen zu wiederholen.

Zwei Beispiele, wie du Frauen ansprechen kannst:

1. Hallo, ich bin ..., wie heißt du? (Name sagen und ihre Hand schütteln. Nicht zu fest, nicht zu lasch!!! Schau ihr in die Augen und lass die Hand nicht sofort los.)

   Dieser Spruch ist am besten für Feiern und lockere Veranstaltungen, wo man sich eventuell über drei Ecken auch kennt.

Achtung

Ist es ein Kaltkontakt auf der Straße bitte nicht die Hand schütteln. Sag einfach deinen Namen und lächle ihr ins Gesicht. Du wirst merken, dass auch Frauen ganz schön nervös werden, wenn ein fremder Mann so vor ihnen steht. Halte Abstand und rück ihr nicht auf die Pelle.

2. „Hey, du bist mir gerade aufgefallen und ich wollte nicht einfach vorbeigehen! Mein Name ist Patrick und wie heißt du?“

Direkt zur Sache kommen. Dieser Spruch zieht, wenn du ein sehr offenes und freundliches Auftreten hast, was zudem komplett selbstsicher rüberkommt. Die Stimme darf nicht zittrig sein und auch die Erwartungshaltung in keinster Weise unterwürfig. Halte ihren Blick, schau nicht auf den Boden und wirke so, als wüsstest du genau, was du gerade machst. Nur in diesem Fall funktioniert diese Art, eine Frau anzusprechen. Du gibst ihr dadurch die nötige Stabilität, auch normal zu reagieren.

Wusstest du, dass aus Studien hervorging, dass über 50 % der menschlichen Kommunikation von der Körpersprache abhängt? Mit über 35 % kommt noch die Stimme hinzu und zum Schluss bleiben etwa 7 % übrig für die tatsächlichen Worte, die aus deinem Mund kommen.

Diese Studien können uns aufatmen lassen und doch auch wieder nicht. Wohl kaum ist schon mal ein Mann mit stolzgeschwellter Brust, Gewinnerlächeln und beschwingtem Gang auf eine Frau zugegangen – hat sich zu ihr runtergebeugt und gesagt „Wadde hadde dude da?“ und sich danach gewundert, warum sie schreiend weggerannt ist.

Es sind zwar nur 7 %, aber dennoch sollte es einigermaßen Sinn ergeben, was du von dir gibst.

Expertentipp:

Willst du nicht gleich mit der Tür ins Haus fallen und bist unsicher? Dann frage sie erstmal, ob sie weiß, in welche Richtung es zur Bahn geht oder wo der nächste Rewe ist. Schalte den Kopf aus. Meistens will der dir nichts Gutes und findet Gründe, es nicht zu tun. Er ist in diesem Fall nicht der beste Wingman, den du dir wünschen kannst. Ignoriere deine Gedanken und mach dein Ding.

Der richtige Umgang im Gespräch mit einer Frau ist entscheidend. Auch Frauen sind keine Profis im Flirten. So kann ein Kompliment auch schnell nach hinten losgehen.

Beispiel:

Mann sagt: „Du siehst so gut aus auf dem Foto."

Frau sagt: „Oh man, ich sehe total doof aus."

Mann sagt: „Das ist so nervig mit euch Frauen, immer kritisiert ihr euch selbst. Da will man euch einmal ein Kompliment machen."

Sich in solchen Situationen trotzdem charmant zu verhalten, ist entscheidend dafür, ob der Flirt weitergeht.

Besser solltest du so was sagen wie:

- „Ja? Das glaub ich nicht ;)"
- „Echt? Finde ich nicht. Oder warte, glaubst du, ich brauche so langsam eine Brille?"
- „Sag einfach danke, Madame!"
- „Um das zu beurteilen, müsste ich dich erst mal ohne Kleider sehen. Frag mich in ein paar Wochen noch mal ;)"

Ist die Frau auch schlagfertig, könnte sie dann antworten: Ja, ich denke, du wirst alt und brauchst eine Brille.

Ein schlagfertiger Konter von dir könnte dann wieder sein: Ich habe gehört, Wein und Bier soll da kurzfristig helfen. Gehen wir was trinken?

Wichtig ist, dass du in deinem Tonfall und deinem Blick durchklingen lässt, dass du gerade flirten möchtest. Frauen fühlen sich dann sofort geschmeichelt und können nicht mehr kontrolliert reagieren. Sie lächeln dann leicht und können gar nicht mehr lange deinem Blick standhalten. Achte mal darauf. Dieses Verhalten beobachte ich in jeder Altersgruppe.

Möchtest du mehr über den richtigen Tonfall, die Körpersprache und Blicke lernen? In meinem Videokurs „Die Kunst des Flirtens" ist dies ausführlich erklärt, mit Beispielen gezeigt und du bekommst praktische Beispiele für den Alltag, um dieses Verhalten auch zu lernen. So geht gegenüber Frauen nichts mehr schief.

Eine weitere Situation kann schnell für einen Flirt genutzt werden, wenn du einer Frau ein Kompliment machst.

Mann sagt: „Wow, du siehst klasse aus."

Frau sagt: „Das sagst du bestimmt zu jeder Frau!"

Mann: „Ja, aber jetzt bist du an der Reihe, es zu hören!"

Schlagfertigkeit ist ein entscheidender Punkt, damit der Flirt weitergeht. Du wirst feststellen, dass es vielen Frauen unangenehm ist, ein Kompliment anzunehmen. In diesen Situationen gilt es, cool zu bleiben und sich davon nicht verunsichern zu lassen. Sie testet dich mit solchen Aussagen. Viele Frauen denken, dass Männer, die Komplimente machen, jeder Frau hinterherschauen und immer gleich mehrere Frauen daten. Du kannst ihr das Gegenteil beweisen, indem du deine Aufmerksamkeit nur auf sie legst.

Expertentipp:

Seid ihr gerade in der Öffentlichkeit, dann schaue dich nicht ständig um. Es geht nicht einmal darum, dass du nach anderen Frauen Ausschau hältst, sondern man merkt einfach, dass du nicht zu 100 % bei ihr und diesem Gespräch bist. Viele Menschen, die sehr unsicher sind und sich in großen Räumen nicht wohlfühlen, schauen ständig umher und brauchen einen Fixpunkt. Das wirkt fahrig und unsicher. Versuche dir das Schritt für Schritt abzugewöhnen, indem du, egal wo du bist, dich immer nur auf das Nächste zu dir konzentrierst.

In der Bahn beispielsweise auf die Glasfront oder deine Hände. Lass deinen Blick sehr lange auf derselben Stelle verweilen. Lege den Kopf bequem in den Nacken und blinzle nur ab und zu. Das lässt dich automatisch in eine entspannte Körperhaltung und Ausstrahlung kommen. Die Augen sollten nicht permanent unsicher umherhuschen. Je häufiger du das übst, desto leichter wird es dir auch im Umgang mit Frauen fallen.

„Wenn du dich in deiner Haut unwohl fühlst und das zeigst: Warum sollte die Frau sich dann wohlfühlen im Gespräch mit dir?"

LOLA SPARKS

Ein weiterer Aspekt beim Flirten mit Frauen ist, dass du genau weißt, wer du bist. Wie willst du ihr zeigen, was dich ausmacht, wenn du es selbst nicht genau weißt?

Deswegen solltest du kurz und knackig erzählen können, wer du bist und was dich interessiert im Leben. Was begeistert und motiviert dich? Bei welchen Themen bekommst du Sternchen in die Augen?

Ich nenne diese kurze und knackige Vorstellung von sich selbst den „Pitch“. Bekannt ist er unter anderem auch als „Elevator Pitch“. Stelle dir vor, dass du die Frau in einem Aufzug triffst und du hast nur 11 Sekunden Zeit, sie von dir zu überzeugen, weil der Aufzug dann wieder aufgeht und andere Menschen einsteigen.

Erstelle deinen Pitch:

1. Wer bist du? Beispiel: Ich bin Patrick.
2. Was begeistert dich im Leben? Beispiel: Wandern, Sport, Freunde, andere Hobbys, deine Arbeit, Urlaube, Filme, Bücher usw. + Begründung dazu warum

3. Was inspiriert dich an anderen Menschen? Lebensfreude, gemeinsame Unternehmungen, Hobbys
4. Was würdest du mit der Frau bei deinem ersten Date machen?

Ein Pitch kann auch komplett anders aussehen. Du packst genau das rein, was du möchtest. Hast du Lust, etwas über deinen Beruf zu erwähnen? Dann mach das.

Versuche aber weder in einen langen Monolog zu verfallen noch zu detailliert zu erzählen. Das kannst du immer noch, wenn sie dich genau danach fragt. Du wirst immer wieder dieselben Fehler beim Flirten machen, bis du aus ihnen gelernt hast. Fange heute damit an zu reflektieren, wie du dich in der Vergangenheit verhalten hast.

Manche Männer neigen dazu, der Frau sehr sachlich zu beschreiben, wer sie sind. Das klingt dann wie ein gut einstudierter Vortrag in der Schule.

Schlechte Signalwörter sind „Ich bin ein Mensch, der ...“ oder „Mich macht vor allen Dingen aus, dass ...“. Darauf solltest du verzichten.

Beispiel:

Mein Name ist Tom. Ich arbeite seit 15 Jahren als Dozent an der Uni Gießen im Bereich Physiologie, mein Fachgebiet sind die Rezeptoren und Transporter. Viele Stationen in meinem Leben haben mich zu dem gemacht, wer ich heute bin. Ich bin ein sehr ehrlicher und offener Mensch, der diese Ehrlichkeit auch bei seinen Mitmenschen voraussetzt. Du solltest neben Authentizität ebenfalls eine große Portion Humor und Lebensfreude mitbringen. Mich macht vor allen Dingen aus, dass ich sehr lösungsorientiert bin und es mag, wenn ein Plan aufgeht. Ich stehe mit beiden Beinen im Leben. Was jetzt noch fehlt, ist eine Partnerin.

Na, was meinst du? Schlagen Frauenherzen höher, wenn sie Toms Beschreibung hören oder lesen? Du ertappst dich gerade vielleicht selbst dabei, wie auch du solche Anschreiben formuliert hast?

Verschachtelte Sätze mit schön vielen Aufzählungen und Kommas. Wen willst du hier überzeugen? Die Frau? Dich selbst? Der Pitch ist kein Anschreiben für einen Job.

Liebe, Anziehungskraft oder auch Lust entstehen nicht auf der sachlichen Ebene. Tom hat es gut gemeint mit seiner Vorstellung. Blieb aber zu sachlich und kam nicht richtig auf den Punkt. Er hat vor allen Dingen viele oberflächliche Floskeln verwendet. Dinge wie Humor, Lebensfreude oder Authentizität sind hoffentlich Eigenschaften, die jeder bei seinem Partner voraussetzt. Somit hätte er auch fast noch reinschreiben können, dass sie volljährig oder stubenrein sein soll.

Versuche, die sachliche Ebene zu verlassen. Sie erstickt Spaß und Ausgelassenheit. Diese beiden Faktoren sind wichtig, damit ein Flirt entsteht. Mit der Zeit wird es dir leichter fallen und du wirst merken, dass du nicht mehr so verkopft an die Sache herangehst. Du denkst nicht über jedes Wort nach und es macht dir einfach Spaß.

Du kannst dennoch die dir wichtigen Punkte in einer Beziehung ansprechen, aber verbinde sie direkt mit einer Emotion, anstatt in Aufzählung zu verfallen.

Beispiel:

Hey, mein Name ist Tom. ☺

Wenn ich nicht gerade lachend mit meinen Freunden in einem Restaurant sitze oder mich zu Hause entspanne, dann arbeite ich als Dozent im Bereich Physiologie an der Uni Gießen. Ich liebe meinen Job und genieße es, vielen Menschen zu begegnen, die Ziele haben und das Leben zu schätzen wissen.

Bei unserem ersten Treffen würde ich mit dir spazieren gehen, damit wir uns locker unterhalten können. Worüber würdest du mit mir sprechen? Schreib mir. ☺

Was ist nun der Unterschied zu Text Nummer 1?

- Er ist kürzer.
- Der Spaß steht im Vordergrund, wir verlassen die sachliche Ebene.
- Du skizzierst bereits ein erstes Treffen und sagst nicht nur, dass du lebensfroh bist, sondern es hört sich auch ganz danach an.
- Sie hat hier schon die Möglichkeit, sich bildlich vorzustellen, wie du lachst oder mit ihr durch den Park läufst.

Versuche, selbst deinen Pitch zu schreiben und ihn kritisch zu betrachten. Hast du zu viel aufgezählt? Könnte man noch etwas wegstreichen?

Besonders wichtig ist der erste Satz. Versuche bereits damit Aufmerksamkeit zu erregen, indem du etwas Lustiges oder Irritierendes sagst. So ist die Frau direkt am Ball und will weiterlesen. Denk immer daran, dass sie dich noch nicht kennt. Sie kann nicht deine Bilder sehen und einen 0815-Text lesen und dann direkt wissen, was für ein besonderer Mensch du bist. Genau wie im echten Leben müssen wir von uns überzeugen und den Menschen zeigen, was in uns steckt. Du wirst keine Sympathie erzeugen, wenn du dich negativ präsentierst.

Anderes Beispiel:

Klassiker, die gerne von Frauen missverstanden werden:

Hey, ich bin Paul, humorvoll, sehr aktiv, stehe mit beiden Beinen im Leben. Suche nach einer Partnerin für einsame Stunden.

Was zunächst wie ein netter Opener aussieht, ist näher betrachtet voller kleiner Fallen. Sich selbst als humorvoll zu bezeichnen,

> könnte die Frau als zu dick aufgetragen ansehen. Auch die Floskel „Stehe mit beiden Beinen im Leben" begegnet uns hier erneut. Ein beliebter Spruch, um der Frau was zu sagen? Dass du nicht mehr bei Mutti lebst? Partnerin für einsame Stunden klingt wie aus einem schlechten Krimi. Also suchst du die Frau, um deine Bedürfnisse zu befriedigen? Ziemlich gemein oder? Vieles wird missverstanden, auch wenn du es nicht so meintest. Das hat aber nichts mit der Engstirnigkeit der Frauen zu tun. Es ist das Dilemma von Sender und Empfänger. Du als Sender weißt genau, wie du das gemeint hast. Demnach ist es dir unvorstellbar, wieso eine Frau das falsch verstehen kann. Die Frau liest zwischen den Zeilen und weiß bei vielem nicht, wie du es gemeint hast. Das kann auch daran liegen, weil sie in der Vergangenheit schlechte Erfahrungen mit einem Mann gemacht hat, der sich auch so ausgedrückt hat.

Alternativ:

> Hey, ich bin Paul, meine Freunde wissen meinen Humor sehr zu schätzen – ich lache einfach gerne. Du auch? Ich freue mich auf eine nette Bekanntschaft, die genauso gerne unterwegs in der Natur ist wie ich und lange intensive Gespräche mit einem guten Glas Wein mag.

Oder:

> Ich bin Paul ☺, du fragst dich bestimmt, was ich hier suche? Eine Frau und keine Ersatzmutti ;)
> Du liest immer noch? Super, dann sag mir Folgendes: Was würdest du lieber bei einem ersten Treffen machen – spazieren gehen und einen Kaffee trinken und reden oder lieber Minigolf spielen?

Zwei Varianten, die mehr versprechen. Paul scheint etwas frech unterwegs zu sein. Vor allen Dingen bei der zweiten Variante. Stell dir vor, wie die Frau zu Hause an ihrem Handy sitzt und richtig schmunzeln muss wegen deines Textes. Hier beginnt bereits der Flirt. Nun kann sie darauf einsteigen. Da du dich offenbar wohl mit der Situation und einem kleinen Schlagabtausch fühlst, kann die Frau mitziehen.

Nutze auch beim späteren Chatten Wörter wie:

- Fragen
- Lachen
- Neu
- Versuchen
- Spaß
- Versuchung
- Genießen
- Wichtig

Wie kannst du diese Wörter zum Flirten einsetzen?

- Ich frage mich, was du nun als Nächstes machst ;)
- Lachen ist super, aber gemeinsam lachen noch besser. Meinst du nicht auch?
- Wann hast du das letzte Mal etwas Neues versucht?
- Spaß wird überbewertet. Ich sitze am liebsten zu Hause und mache gar nichts ;)
- Kannst du einer Versuchung nicht widerstehen?
- Man sollte auch genießen können ;)

Du merkst, dass vieles nicht nur von der Formulierung abhängt, sondern auch von dem Smiley, das du verwendest. Es ersetzt hierbei den Gesichtsausdruck, wenn du direkt vor ihr stehst. Wie soll sie sonst wissen, dass du es ironisch oder aus Spaß sagst?

Ironie und Sarkasmus sind ein wichtiges Werkzeug beim Flirten. Hierbei verlassen wir sofort die sachliche Ebene. Hat unser Gegenüber Humor, wird entweder gelacht oder weiter geflirtet.

Diese Erfahrung musste auch Nic machen. Nic ist ein sehr sachlicher Mann. Er studiert BWL und hat schon immer gerne eher pragmatische Gespräche geführt. Schnell und auf den Punkt. Beim Flirten war das natürlich ein großes Hindernis für ihn. Gespräche kamen schnell ins Stocken und wurden für ihn zu etwas Negativem. Ihm gab ich die Aufgabe im Coaching, dass er sich darin schulte, mehr ins Detail zu gehen.

Dies war für ihn nicht nur bei Frauen von Vorteil. Er lernte dadurch auch, sich mehr mit Kollegen zu unterhalten und vor allen Dingen neue Kontakte von Qualität zu knüpfen.

Wenn man Nic fragte, wie sein Tag war, dann antwortete er meist einsilbig „Ja, war okay“ oder „Alles gut“.

Kommt dir das bekannt vor? Stockt bei dir auch die Buchstabenmaschine? Wir kurbeln sie jetzt gemeinsam an, so wie es auch Nic gelernt hat.

Bringe in deine Antworten mehr Details. Auf diese Weise hat dein Gegenüber viel mehr Möglichkeiten, weiterhin mit dir im Gespräch zu bleiben.

Also noch mal:

„Nic, wie war dein Tag?“ – „Danke, er war eigentlich ganz gut. Heute haben wir ein Projekt auf der Arbeit abgeschlossen, darüber habe ich mich sehr gefreut. Das ging schon über Wochen so und der Kunde wurde langsam auch etwas nervig. Außerdem hatte eine Kollegin Geburtstag und hat Kuchen mitgebracht.“

Durch diese Erzählungen hat der Gesprächspartner viele Möglichkeiten, das Gespräch fortzuführen. Er könnte zum Beispiel fragen, um welches Projekt es sich handelt oder ob alle Projekte so langwierig sind. Außerdem könnte man fragen, was es für einen Kuchen gab oder wann er Geburtstag hat.

Das Gespräch kann dann weitergestrickt werden, indem du wieder Gegenfragen stellst. Also zum Beispiel: „Wie war dein Tag?" oder „Wie läuft es aktuell bei dir auf der Arbeit, erzähl mal."

Zeige ernsthaftes Interesse an deinem Gegenüber und würge die Gespräche nicht ab durch einsilbige Antworten. Nic baute so nach und nach immer mehr Freundschaften auf und lernte so auch seine damalige Freundin kennen. Frauen wachsen nicht auf Bäumen, aber wenn du genügend soziale Kontakte hast und die pflegst, dann ist die Wahrscheinlichkeit viel höher, jemanden kennenzulernen.

CHECKLISTE KAPITEL 5:

- ✦ Verschiedene Anmachsprüche kennenlernen
- ✦ Eigene Anmachsprüche / witzige Bemerkungen hinzufügen
- ✦ Aktiv im Alltag anwenden
- ✦ Deinen eigenen Pitch formulieren (beruflich + privat)
- ✦ Übe deinen Pitch vor dem Spiegel
- ✦ Übe deinen Pitch vor anderen Menschen

KAPITEL 6

So flirten Frauen

Es gibt häufig genau zwei Theorien von Männern über Frauen und wie sie sich nach außen geben. Manche Männer sagen, Frauen wollen gar nicht flirten und andere sagen, dass jede Frau flirten möchte. Wie kommt es zustande, dass sich diese beiden Arten von Männern offensichtlich auf demselben Planeten aufhalten, aber eine komplett unterschiedliche Wahrnehmung davon haben, wie es sich mit den Frauen in der Realität verhält, wenn es um das Thema Flirten geht?

Warum kann es sein, dass unabhängig von Nationalität, Alter, Abstammung oder unabhängig vom Bildungsgrad Männer der Meinung sind, Frauen wollen immer flirten oder Frauen wollen niemals flirten?

In diesem Buch habe ich schon des Öfteren von Glaubenssätzen gesprochen. Auch hier greifen Glaubenssätze und wir sollten ein besonderes Augenmerk darauf legen. Ein Mann, der grundsätzlich davon ausgeht, dass Frauen nicht flirten wollen, hat mit einer sehr hohen Wahrscheinlichkeit auch in seiner Realität oft den Fall, der ihm seine Theorie bestätigt.

Hinzu kommt, dass er selbst in der Regel eher unangenehme Gedanken und Gefühle mit dem Flirten verbindet. Er hat durch negative Erlebnisse oder durch Beobachtung von Frauen die feste Überzeugung entwickelt, dass Frauen nicht flirten wollen. Er ist der festen Überzeugung, dass fremde Frauen anderen Männern mit Ablehnung begegnen.

Wir Menschen haben ungern unrecht. Daher ist es nur naheliegend, dass er in seinem Umfeld vor allen Dingen den Fokus auf die Situationen und Menschen legt, die ihm seine Theorie bestätigen. Es ist die Kraft der Anziehung.

Falls du nicht an die Kraft der Anziehung glaubst, möchte ich dich gerne etwas fragen: Hast du damals, als du deinen Führerschein gemacht hast, plötzlich überall Fahrschulautos wahrgenommen?

Hast du, als du für ein bestimmtes Auto geschwärmt hast, plötzlich überall genau diesen BMW gesehen?

Ist es dir schon einmal passiert, dass du mit einem Freund darüber gesprochen hast, dass zum Beispiel keine gelben Autos auf der Straße zu sehen sind und auf einmal hast du täglich gelbe Autos gesichtet?

Es gibt noch unzählige Beispiele dafür, dass die Kraft der Anziehung existiert. Frauen, die gerne Kinder bekommen wollen, sehen draußen sehr häufig andere Schwangere.

Paare, die noch nicht heiraten wollen, haben das Gefühl, alle um sie herum heiraten.

Kranke Menschen, die glauben, sie sind der einzige kranke Mensch im Umfeld, treffen nur noch auf kerngesunde andere Menschen.

Die Liste ist unendlich lang. Sicherlich sind dir gerade auch ein paar Beispiele aus deinem Leben eingefallen, wo die Macht der Anziehung aktiv war. Die meisten Menschen merken das natürlich nicht. Sie sagen dann vielleicht „Ach wie lustig“ oder „Das ist ja ein Zufall, ständig sehe ich XY“. Doch ich sage dir, dass es kein Zufall ist. Diese Dinge befinden sich ständig in unserem Umfeld, doch wir nehmen sie nicht bewusst wahr. Da wir den Fokus auf einmal darauf legen, achten wir explizit darauf. Es ist so, als würden wir einen Filter über die Welt legen und nur noch das sehen, was wir glauben.

Kommen wir wieder zurück zu unseren zwei Arten von Männern. Der eine glaubt, alle wollen mit ihm flirten und der andere ist der Meinung, dass er nur abgelehnt wird.

Was glaubst du, passiert nun, wenn du dir jeden Morgen vor dem Spiegel sagst: „Ich ziehe attraktive Frauen in mein Leben, die Spaß am Flirten haben."

Zunächst ist es nur ein Satz. Mit den Wochen wird er zur Routine. Doch irgendwann solltest du dich fragen: „Woher kommen diese Frauen denn nun?" Fallen sie vom Himmel, weil du es dir nur stark genug einredest?

Hinter der Kraft der Anziehung steckt etwas mehr als nur der Wunsch. Du wirst dich durch deinen neuen Glaubenssatz anders verhalten. Du änderst den Umgang mit deinem Umfeld und vor allen Dingen mit den Frauen. Du fängst an, nach Chancen zu suchen und verwandelst diese.

Dein Kumpel schreibt dir und will mit dir etwas trinken gehen. Normalerweise sagst du Nein und vertröstest ihn auf den nächsten Monat. Sei es, weil du müde bist oder keine Lust hast, noch mal raus ins Kalte zu gehen. Hast du aber jeden Tag dein Ziel vor Augen, dass du eine attraktive Frau zum Flirten treffen willst, dann wirst du dich nach und nach anders verhalten. Du wirst vielleicht proaktiv auf andere Bekannte und Freunde zugehen und wirst dich mit ihnen verabreden. Möglicherweise beschließt du eines Tages, dass du auch mal alleine etwas trinken gehen kannst.

Auch bei Events wie Burgfestspielen, Wochenmärkten, Müllsammel-Aktionen oder Messen tummeln sich überall interessante

Frauen. Nicht jede davon ist vergeben. Nie hatten wir mehr Singles als heute. Daher kannst du fest davon ausgehen, dass du, egal wo du dich bewegst, auf Singlefrauen triffst.

Der Mann, der glaubt, überall warten Chancen auf ihn, wird viel häufiger solche Situationen erleben als der Mann, der dies schon von Grund auf ausschließt. Denk mal darüber nach.

Frauen flirten dann, wenn sie sich wohlfühlen. Das muss nicht unbedingt daher rühren, dass sie einen guten Tag hatten oder das Kleid gerade so gut sitzt. Frauen fühlen sich wohl, wenn sie von einem Mann nicht angegafft werden. Viele Männer fallen mit der Tür ins Haus und versuchen auf Teufel komm raus, die Frau zum Flirten zu bewegen. Dann werden die Frauen kühl und machen einen Rückzieher. Man hat ihnen beigebracht, wenn Männer zu aufdringlich sind, dann sind die potentiell gefährlich oder mit Vorsicht zu genießen.

Achte deswegen sehr genau auf ihre Körpersprache. Sitzt sie entspannt da oder steht angelehnt an der Bar? Klammert sie sich an ihrem Glas fest und lässt den Blick nicht durch die Menge schweifen? Frauen, die sich unwohl fühlen, verstecken sich oft hinter ihrem Handy. In diesem Buch hast du bereits gelernt, dass viele Menschen auf ihr Handy schauen, wenn sie einen Raum betreten. Auch das zeigt eine gewisse Unsicherheit.

Selbstbewusste Menschen gehen langsam und mit offenem Blick in einen Raum. Die Mundwinkel sind entspannt oder leicht oben. Sie lassen den Blick durch den Raum schweifen. Falls sich die Blicke mit jemand anderem kreuzen, schauen sie nicht scheu weg, sondern erwidern den Blick und nicken der Person zu oder lächeln und schauen dann weg.

Sie haben volle Kontrolle über sich und ihren Körper. Übe diese Art, einen Raum zu betreten, so oft du kannst. Du wirst dadurch eine

starke Ausstrahlung auf den Raum und die Menschen ausüben, die sich darin befinden.

Frauen, die unsicher sind, zeigen das durch ihre verschlossene Körperhaltung. Gekreuzte Arme und Beine können ein Zeichen sein. Zumeist sitzt man aber eher aus Bequemlichkeit so da. Es muss nicht immer Unsicherheit oder Ablehnung bedeuten. Weicht sie aber deinem Blick aus oder gibt nur einsilbige Antworten, kannst du dir sicher sein, dass deine Anmache nicht zieht. Dann solltest du dich entspannt zurückziehen und ihr noch einen schönen Abend wünschen.

Dein Rückzieher ist keinesfalls eine unterwürfige Geste, sondern auch ein selbstbewusster Mann sollte wissen, wann er auf verlorenem Posten kämpft. Möchtest du gerne entspannt aus dem Gespräch heraus, ohne dich so zu fühlen, als hättest du gerade einen Korb bekommen? Dann zwinkere ihr frech zu und verabschiede dich mit den Worten: „Viel Spaß noch." Warte nicht lange ab, was sie antwortet, sondern beende das Gespräch und gehe wieder zu deinen Freunden.

Herauszufinden, wie du auf Frauen wirkst, ist sehr leicht. Es gibt eine Übung, die ich gerne in Coachings anwende. Ich nenne sie die Ampel-Übung. Du sitzt im Auto und stehst an einer roten Ampel. Neben dir auf der anderen Spur steht ein weiteres Auto mit einer Frau. Die Übung besteht nun darin, dass du sie anlächelst. Nicht wie ein Honigkuchenpferd, was gerade im Lotto gewonnen hat, sondern ein kleines Lächeln. Halte den Kopf dabei leicht nach links oder rechts geneigt in ihre Richtung und lächle ganz leicht.

Rechne mit jeder Reaktion. Dass sie wegschaut oder komisch guckt. Rechne damit, dass sie zurücklächelt oder dich verwundert anstarrt. Diese Übung ist mit der Zeit sehr lustig, weil du immer mehr in deine Komfortzone kommst. Erstmal musst du sie aber verlassen. Viele Menschen denken, wenn sie ein Fremder anlächelt, dass man sich kennt und sie die Person einfach nicht erkennen. Stell dir mal vor, dass eine Frau die restliche Fahrt dein Gesicht nicht aus dem Kopf bekommt, weil sie sich nicht erinnern kann, wer du bist. Der Gedanke ist ziemlich lustig.

Durch diese Übung verlierst du den Berührungspunkt, mit einer Frau in Kontakt zu treten. Natürlich kannst du genauso gut auch

Frauen auf der Straße oder in der Bahn anlächeln. Dazu musst du dir nicht direkt ein Auto zulegen.

Manifestiere mit jeder Woche immer mehr den positiven Glaubenssatz: Frauen treten gerne in Kontakt mit mir. Mit der Zeit wandelst du ihn um und sagst dir: Frauen flirten gerne mit mir.

Frauen empfinden bereits interessante Gespräche als Flirt. Die Schwelle ist sehr schwammig, ab wann man von einem Flirt spricht. Ist es schon ein beiläufiges Kompliment von einem Kollegen „Wow, dieses Kleid ist ja ... hammer!" und sie lächelt ihn an und sagt „Echt?"?

Er kann weiter auf den Flirt eingehen, indem er sagt: „Hätte dich fast nicht erkannt." Solche Sprüche funktionieren beim Flirt nur, wenn du durch deine Körpersprache und dein Lächeln zeigst, dass du es nicht ganz ernst meinst. Wenn du ohne eine Miene zu verziehen sagst, dass du sie kaum erkannt hast, dann wird sie das eher als eine Beleidigung empfinden. Gib ihr immer zu erkennen, dass du einen Spaß machst, sonst ist sie verwirrt.

Stell dir vor, du holst dein Kind vom Kindergarten ab und fragst es, wie sein Tag war. Du drehst dich auf dem Fahrersitz nach hinten und schaust dein Kind an. Es lässt die Mundwinkel tief hängen und hat einen leeren, traurigen Blick und sagt dann: „Es war so ein schöner Tag Papa, wir haben den ganzen Tag gespielt und ich wäre gerne noch länger geblieben." Kaufst du deinem Kind das ab, ohne die nötige Körpersprache? Genauso läuft es auch im Gespräch mit Frauen.

Deine Mitmenschen haben ihr Leben lang gelernt, unterbewusst auf die Körpersprache zu achten. Läuft jemand lustlos und lässt die Schultern hängen, können wir davon ausgehen, dass er keine große Lust hat, dort zu sein, wo er gerade ist. Siehst du hingegen einen Mann beschwingt die Straßen entlanglaufen, mit offenem

Blick in die Welt hinaus? Ja, dann glauben wir fest daran, dass es ihm gut geht und er einen schönen Tag verbringt.

Frauen springen auf Flirts an, wenn du dich damit voll und ganz wohlfühlst. Das kannst du erreichen, indem du nicht versuchst, über Dinge zu sprechen, die dir unangenehm sind. Du brauchst nichts Anzügliches zu sagen, um mit ihr zu flirten. Vieles sagst du auch zwischen den Zeilen.

Nutze mein 5-Schritte-Prinzip, um das Flirten mit Frauen zu üben

SCHRITT 1: Augenkontakt üben. Halte Augenkontakt mit deinen Mitmenschen, egal ob Männer oder Frauen.

SCHRITT 2: Übe leichte Berührungen, zum Beispiel, wenn du mit jemandem auf der Straße läufst und die Ampel grün wird. Dann kannst du leicht den Arm berühren und sagen: „Es ist grün." Lass dann los und laufe weiter normal neben der Person her. Normalisiere für dich Berührungen im Alltag.

Expertentipp: Achtung! Es geht nicht darum, einfach Menschen anzufassen, obwohl sie das nicht möchten. Achte darauf, dass deine Berührungen situationsbezogen sind und nur sehr kurz gehen.

SCHRITT 3: Mache Witze mit deinen Mitmenschen. Versuche, Situationen nicht immer zu ernst zu nehmen, sondern sehe die lustigen, positiven Seiten. Sagt zum Beispiel eine Arbeitskollegin zu dir: „Wir müssen heute Überstunden machen", dann würden vermutlich die meisten antworten: „Oh nein, wie doof, das ist ja ärgerlich".

Viel besser: „Hast du deinen Schlafsack dabei?" oder „Weißt du, ich glaube, ich kündige einfach meine Wohnung, der Schreibtisch zum Schlafen ist bestimmt auch bequem."

Achte hierbei wieder auf die richtige Körpersprache und lache, damit dein Gegenüber versteht, dass du einen Witz gemacht hast.

SCHRITT 4: Erinnere dich an Details. Menschen lieben es, wenn man ihnen aufmerksam zuhört. Frauen natürlich auch. Hat dir vor ein paar Wochen oder Monaten die Bedienung in deiner Lieblingsbar erzählt, dass sie vorhat, ein neues Auto zu kaufen? Dann frag sie beim nächsten Mal einfach: „Na Verena, wie fährt es sich mit dem neuen Auto?“ So kommt ihr direkt ins Gespräch und du kannst Schritt 1–3 weiter üben.

SCHRITT 5: Nimm dich selbst nicht so ernst. Ein kleiner Witz auf deine Kosten lockert die Atmosphäre und zeigt, dass du nicht so empfindlich bist. Fragt deine Fitnesstrainerin zum Beispiel: „War es heute zu anstrengend?“ Dann sag nicht: „Nein, es war super, ich liebe es, neue Übungen zu lernen, du machst das toll.“ Sondern sag lieber: „Ja, ich glaube, ich komme nie wieder.“ Hierbei ist wieder wichtig, auf die passende Körpersprache und die Mimik zu achten.

Auch Julian hatte sich zur Aufgabe gemacht, das Flirten zu lernen. Er wollte schon beim ersten Treffen das Gefühl haben, das alles passte. Das gewisse Etwas, das Kribbeln im Bauch, die Schmetterlinge oder manch einer würde sagen: Liebe auf den ersten Blick.

Um das zu erreichen, hatte Julian viele Dates und zwar immer genau am gleichen Ort. Er plante diese Dates alle genau gleich. Auf diese Weise wollte er erreichen, dass er die Frauen ganz neutral kennenlernen und bewerten konnte. Ihm war es sehr wichtig, die Frau sofort als Ganzes kennenzulernen. Ob sie Humor hatte, ob er sie interessant fand, was sie so zu erzählen hatte, ob sie Spaß an den Dingen fand, an denen er auch Spaß hatte.

Er war ein absoluter Romantiker. Seine Dates lernte er meistens über Online-Plattformen kennen. Nach einigen Tagen Hin- und Herschreiben wurden die Handynummern getauscht und man schickte Sprachnachrichten und irgendwann wurde telefoniert.

Er hatte diese Vorgehensweise für sich selbst perfektioniert. Wenn dann alles passte, lud er die Frauen auf ein erstes Date ein. Dieses Date fand an einem Tierheim statt. Er verabredete eine gewisse Uhrzeit mit der Frau und war selbst schon eine Stunde zuvor dort, denn er kam oft zu diesem Tierheim und führte die Hunde Gassi.

Er liebte Tiere und vor allen Dingen Hunde und es tat ihm leid, dass gerade zur Weihnachtszeit viele Hunde einfach abgegeben wurden. Die Familien schafften leichtfertig einen Hund an, weil sie dachten, den Kindern eine Freude zu machen und dann entpuppte sich das Ganze als zu anstrengend oder jemand hatte eine Allergie.

Man kannte Julian bereits im Tierheim. Er spendete Geld, brachte öfters Futter mit und natürlich lernten auch die Mitarbeiter Julian zu schätzen. Eine Mitarbeiterin mochte er besonders und auch sie mochte ihn, denn sie waren auf der gleichen Wellenlänge und immer, wenn Julian kam, um einen Hund für seine Dates abzuholen, unterhielten sie sich und lachten. Sie tauschten sich über ihr Leben aus und redeten über Gott und die Welt.

Sie wusste, dass Julian diese Hunde holte, um Frauen zu beeindrucken und zog ihn öfters damit auf. Er machte das mit Absicht, denn er versuchte den Frauen dadurch zu zeigen, dass er ein sehr sozialer Mensch war. Er war tatsächlich ein sozialer Mensch, aber er benutzte diese Eigenschaft an sich, um mit den Frauen schnell warm zu werden.

Dies war eine wunderbare Masche und funktionierte auch, denn die Frauen waren allesamt von ihm begeistert. Er traf sich also mit den Frauen vor dem verabredeten Tierheim und kam aber selbst schon mit dem Hund heraus. Das heißt, er ging mit den Frauen nie in das Tierheim hinein, sondern er selbst holte den Hund und wartete dort, unterhielt sich mit den Mitarbeitern oder ging schon eine kleine Runde Gassi.

Wenn die Frau kam, ging er mit ihr spazieren und versuchte, sie näher kennenzulernen. War sie ihm nicht sympathisch, machte er nur eine kurze Runde. Mochte er sie, dann machte Julian auch eine große Runde. Das heißt, er hatte sich mit der Zeit schon die Routen zurechtgelegt, auf denen er mit den Frauen spazieren ging. Wenn die Frau ihm besonders sympathisch war, schlug er auch vor, nachdem er den Hund zurückgebracht hatte, noch mal etwas trinken zu gehen. Meistens willigten sie ein, denn er war ein interessanter Gesprächspartner. Mit der Zeit lernte er auch, Dates zu beenden, wenn er merkte, dass es zu nichts führt. Das heißt, wenn er die Frau nicht sympathisch fand, dann sah er keinen Grund, das Date künstlich am Leben zu halten. Er sagte dann: „Tut mir leid, ich habe nicht das Gefühl, dass das mit uns etwas wird. Ich würde sagen, wir gehen zurück."

Die Frauen reagierten manchmal sehr gekränkt oder waren einverstanden, keine von ihnen beschimpfte ihn aber. Im Gegenteil, sie waren eher überrascht von seiner schonungslosen Ehrlichkeit. Julian war durch diese ständig wiederkehrenden gleichen Dates aber sehr abgestumpft. Und deswegen war die schonungslose Ehrlichkeit eher eine Art Resignation, weil er immer wieder feststellte, dass die Frau doch nicht so war, wie er sie sich vorgestellt hatte. Er wünschte sich einfach eine Frau, die die gleichen Ziele hatte wie er, die gerne in der Natur war und die eben auch so eine soziale Art hatte. Er wollte einfach auch einen Spaß machen können, ohne darüber nachzudenken, ob man jetzt gerade die perfekte Frisur oder das perfekte Outfit anhatte. Er wollte einfach das Leben genießen mit der richtigen Frau an seiner Seite. Trotz der vielen miesen Dates machte Julian immer weiter und so hatte er auch wieder mit Paula ein Date ausgemacht und war auf dem Weg zum Tierheim.

Sie hatten sich für 14 Uhr verabredet, aber Julian war wie immer schon um 13 Uhr da, um den Hund zu holen. Er ging beschwingt in das Tierheim herein. Und am Eingang wurde er schon von Karl, dem Tierpfleger, begrüßt. Simone ist hinten, sagte Karl und zwinkerte Julian zu. „Danke“, sagte er und ging durch. „Hey Simone“, sagte er und sie lächelte ihn an. „Hey Julian, schön, dich zu sehen. Hast du wieder ein Date?“, fragte sie. „Ja, mal schauen, wie sie so ist. Sie heißt Paula, sie kommt aber erst in einer Stunde. Habt ihr irgendwelche neuen Hunde bekommen?“, fragte Julian. „Ja, leider so einige. Vor einer Stunde ist ein Auto angekommen und hat vier Hunde abgegeben. Sie wurden am Wochenende verteilt in der Stadt gefunden“, seufzte Simone und deutete auf die Zwinger an der Seite.

Dort saßen vier vollkommen verängstigte Hunde. Alle noch relativ jung. „Ok, kann ich dir irgendwie helfen?“, fragte Julian. „Ja, wir müssen sie in ihre Gehege bringen, kannst du mir mit dem Ersten helfen? Er ist total ängstlich und scheu.“ Simone wusste, dass Julian sehr gut mit ängstlichen Hunden konnte, er hatte so eine ruhige und vor allen Dingen beruhigende Art auf die Tiere.

Julian ging auf den Zwinger zu und ging in die Knie. „Hey mein Großer“, sagte er ruhig zu dem struppigen schwarzen Hund. Er schaute Julian mit eingekniffenem Schwanz aus einer Ecke heraus an. Julian hatte viel Geduld und so beschäftigte er sich lange mit dem Hund. Die Minuten vergingen und ehe er sich versah, war es 14 Uhr. Karl kam von vorne zu ihm und sagte: „Julian, hier ist eine Frau und fragt nach dir. Sie heißt Paula.“ Mist, dachte Julian. Er hatte die Zeit vergessen. „Geh ruhig“, sagte Simone, „ich komm schon klar mit ihm.“

Es tat Julian leid, aber er stand auf und ging nach vorne. Er fühlte sich nicht wohl damit, Simone jetzt alleine zu lassen. Er begrüßte Paula, sie war noch hübscher als auf den Fotos. Ganz in Gedanken liefen sie los und er merkte erst gar nicht, dass er diesmal keinen Hund dabei hatte. Paula erzählte etwas vom Hund ihrer

Nachbarn und das er sie mal angebellt hatte. Seitdem mochte sie keine Hunde und konnte sich nicht überwinden, einem Hund zu nahe zu kommen. Julian hörte kaum zu.

Er musste die ganze Zeit an Simone und den neuen Hund denken, er wollte sie eigentlich nicht alleine lassen. Paula schien zwar ganz nett, aber er hatte jetzt schon innerhalb der ersten Minuten das Gefühl, sie waren nicht auf einer Wellenlänge. Wie er es sich eben angewöhnt hatte, beendete er die Dates, wenn ihm danach war. Also holte er tief Luft und sagte Paula: „Es tut mir sehr leid, aber ich habe nicht das Gefühl, dass wir auf einer Wellenlänge sind. Sorry, ich würde das Date gerne beenden." „Dein scheiß Ernst?", fragte Paula genervt, drehte sich um und ging weg. Julian setzte sich auf eine Parkbank und dachte über die Situation nach. Natürlich war es von ihm unhöflich gewesen, doch warum sollte er Paula falsche Hoffnungen machen? Warum war es für ihn so problematisch, eine Frau kennenzulernen? Warum fand er nicht die eine Seelenverwandte, die die gleichen Ansichten und Ziele und Träume hatte? Ja, warum hatte er nicht dieses Bauchkribbeln? Das fehlende Bauchkribbeln machte ihm sehr zu schaffen, denn er hatte sich in den Kopf gesetzt, eine Freundin zu finden, die ihn einfach auf ganzer Linie begeisterte.

Eine Frau, die an den gleichen Dingen Gefallen fand und mit der er einfach sein Privatleben genießen konnte. Plötzlich fiel es ihm wie Schuppen von den Augen. Paula war nicht so eine Frau, auch die anderen Frauen, die er in den letzten Monaten und Jahren gedatet hatte, waren nicht so. Aber es gab eine Frau, die dem entsprach und das war Simone. Julian stand urplötzlich auf und ging zurück zum Tierheim.

Wenn wir etwas unbedingt wollen und danach streben, verlieren wir manchmal den Blick für das, was wir schon in unserem Leben haben, was wir zu schätzen wissen. Wir dürfen nicht vergessen, was wir vielleicht bereits an Beziehungen aufgebaut haben. Anstatt immer mehr neue Beziehungen und Menschen in unser Leben zu holen, sollten wir an denen arbeiten, die bereits da sind.

Julian hatte nie bemerkt, dass Simone mit ihm flirtete. Wie sie ihn aufzog wegen seiner Dates, wie sie ihm zuhörte und wie sie ihm auch Dinge von sich erzählte. Plötzlich machte alles einen Sinn und er merkte, dass sie ihm schon seit Monaten und Jahren immer wieder die Möglichkeit gab, mit ihr zu flirten.

Er hatte diese Möglichkeiten einfach nicht gesehen und nicht verwandelt, weil er mit den Gedanken und im Herzen woanders war. Nun wurde ihm klar, dass er sehr viel Zeit verschwendet hatte, die falschen Dinge zu tun und das wollte er jetzt auf gar keinen Fall weitermachen.

Er war vor dem Tierheim angekommen und ging rein, ging zu Simone und bat sie um ein Date. Sie freute sich, war zwar erst mal etwas verwundert, aber er erklärte ihr, dass er nun einfach alles so klar sah und ihm aufgefallen war, wie sehr er sie zu schätzen weiß und wie sympathisch und interessant sie war.

Er wollte sie näher kennenlernen und würde sich sehr freuen, wenn sie Lust darauf hätte.

Die Geschichte von Julian und Simone hatte ein wundervolles Happy End und heute sind sie verheiratet. Ich freue mich sehr, dass ich Julian bei seiner Reise begleiten durfte und muss immer noch schmunzeln über die offensichtlichen Scheuklappen, die er plötzlich abgesetzt hatte und die er aber jahrelang trug. Ich glaube, ein Julian schlummert in uns allen. Denn wir legen den Fokus oft auf Dinge, die vielleicht gar nicht zum Ziel führen und uns nur das Gefühl geben, dass wir produktiv sind oder dass wir gerade an unseren Zielen arbeiten. Manchmal ist vielleicht das Naheliegende zu einfach oder wir glauben nicht daran und deswegen glaube ich, dass in uns allen ein bisschen etwas von Julian schlummert. Versuche einfach immer an die Geschichte von Julian und Simone zu denken, wenn du das Gefühl hast, dass die Frau dir vielleicht gerade nicht genug Signale sendet oder du meinst, sie hat kein Interesse. Oft liegt es einfach nur daran, dass wir sie nicht sehen, aber das heißt nicht, dass sie nicht da sind.

CHECKLISTE ZU KAPITEL 6:

- ✦ Den 5-Schritte-Plan kennenlernen
- ✦ Verstehen, wie Frauen flirten
- ✦ Videokurs „Die Kunst des Flirtens" über QR-Code bestellen und lernen, wie Körpersprache beim Flirten helfen kann

Entdecke jetzt das Bonusmaterial zum Videokurs „Die Kunst des Flirtens" – dort bekommst du interessante Einblicke, wie sich Flirts aus der Perspektive einer Frau anfühlen und wie du sie am besten abholst.

KAPITEL 7

Werde zum Frauenmagnet

„Das kann ich doch nicht machen." Viel zu häufig bremsen wir uns mit dem Gedanken, dass wir dann wirklich zu weit gehen.

In Kapitel 3 hast du bereits gelernt, dass es verschiedene Phasen beim Flirten gibt. In diesen Phasen gilt es natürlich, alle deine Facetten nach und nach in der korrekten Reihenfolge auf den Tisch zu packen. Eine vornehme Zurückhaltung aus der Angst heraus, etwas Falsches zu sagen, wird dir nicht dabei helfen, zum Frauenmagnet zu werden. Eine gewisse Härte gehört zu diesem Spiel dazu. Spielst du es richtig, dann fühlst du dich wohl und bekommst auch die Rückmeldung der Frauen, die du gerne möchtest.

Der Unterschied ist, dass du keine Dinge zu einer Frau sagst, damit sie dich mag. Sondern du sagst diese Dinge, weil du sie gerne loswerden möchtest. Auf diese Weise bleibst du selbst im Mittelpunkt und die Frau ist nur ein Mitspieler in deinem Leben.

Die Angst, etwas Falsches zu sagen, rührt wieder von unseren lieben Glaubenssätzen, die uns so oft im Leben begegnen:

- Das gehört sich nicht, das zu einer Frau zu sagen.
- Sie könnte denken, ich will mit ihr ins Bett.
- Sie könnte denken, ich bin gar nicht an ihr als Person interessiert.
- Was, wenn jemand hört, was ich sage und etwas Falsches über mich denkt?

Kennst du eine oder gar all diese Ängste? Du bist nicht allein. Viele Männer bremsen sich selbst aus, mit dem Gedanken etwas Falsches sagen zu können. Diese Glaubenssätze müssen nicht immer ihren Ursprung in der Kindheit haben. Ich habe bei all meinen Kunden in den letzten zehn Jahren sehr stark darauf geachtet, ob es konkrete Gründe gibt, warum diese Glaubenssätze hochkommen. Hat dir deine Mutter öfters gesagt: „Das gehört sich nicht"? Oder gab es einen Vorfall in deiner Schulzeit, wo dir ein Mädchen vorgeworfen hat, dass du zu forsch vorgehst?

Ich bin nicht immer ein Freund der Schul-Psychologie, wie sie gelehrt wird. Oft finden sich in der Kindheit natürlich gewisse Ursachen von Defiziten oder schwerwiegenderen Problemen. Beim Dating und im Umgang mit Frauen ist es aber oft in der Praxis anders als in der Theorie in den Büchern. Um seine Ziele zu erreichen, muss man irgendwann die Kindheit auch gut sein lassen und sich mit seiner Entwicklung beschäftigen, anstatt in der Vergangenheit zu rühren.

Du wirst mir sicherlich zustimmen, wenn ich dir sage, dass du noch keine echte Situation hattest, in der eine Frau sich laut über dich beschwert hat. Oft kommt es gar nicht dazu, dass sie sich über dich beschwert, denn du bleibst im Hintergrund und wirst nicht aktiv.

Deine Ängste, etwas Falsches zu machen, beziehen sich also zum großen Teil auf Horror-Szenarien in deinem Kopf. Ist das korrekt?

Falls du jetzt sehr stark mit dem Kopf nickst und sagst „Ja Lola, so ist es, woher weißt du das?", dann ist jetzt der Moment gekommen, dir zu sagen, dass ich hellseherische Fähigkeiten habe.

Nein, natürlich nicht. Aus den letzten zehn Jahren kann ich dir sagen, dass es nahezu jedem Mann so ging, dass es lediglich der schlimmste möglichste Fall in seinem Kopf war, der ihn davon abgehalten hat, mit einer Frau zu flirten. Stellen wir uns denn nicht immer eher vor, was schiefgehen könnte, anstatt uns darüber zu freuen, was hinter der nächsten Ecke auf uns wartet?

Falls du aber doch schon Situationen hattest, in denen dir eine Frau zu forsches Vorgehen vorgeworfen hat, dann ist jetzt der Moment gekommen zu reflektieren. Hattet ihr bereits Dates oder war sie nur eine Arbeitskollegin? Hast du sie immer wieder angeflirtet und sie hat sich von dir einfach nur gestört gefühlt?

Eine gewisse Feinfühligkeit ist essenziell, um Chancen zu unterscheiden von Momenten, in denen man sich zurückziehen sollte. Erinnere dich an das Beispiel aus Kapitel 6 in der Bar. Die Frau wirkte gelangweilt und ist nicht auf das Gespräch eingegangen. Sie hat dich nicht frech angelächelt, ihre Augen haben nicht gefunkelt und auch ihre Körperhaltung war abgewandt. Das waren alles Zeichen dafür, sich zurückzuziehen.

Befindest du dich aktuell in einer Situation auf der Arbeit oder in deinem Wohnkomplex oder bei diversen Hobbys, in der eine Frau eventuell Interesse hat? Manchmal sucht sie das Gespräch mit dir und an einem anderen Tag ist sie plötzlich abgewandt?

Auch solche Situationen begegnen meinen Kunden häufig. Der Grund, warum sie sich so widersprüchlich verhält, liegt oft darin, weil sie keine Signale von dir bekommt. Nicht nur ein Mann fragt sich, ob die Frau jetzt Lust auf einen Flirt hat. Auch die Frau möchte sich gerne versichern, dass sie sich nicht zum Affen macht.

Als Übung stelle dich bitte die nächsten Wochen vor den Spiegel. Zunächst einmal schließt du die Augen und stellst dir vor, eine Frau sitzt gerade in der Bar vor dir und ihr unterhaltet euch. Sie hat gerade etwas Lustiges gesagt und du hast kurz(!) gelacht. Nun hast du etwas Süffisantes erwidert und schaust sie an. Wie verändert sich dein Blick?

Ich möchte, dass du durch diese Übung erfährst, wie dein flirty Blick aussieht. Das kommt nicht von heute auf morgen. Öffne die Augen und schaue dich im Spiegel an. Wie schaust du die Frau gerade an? Kann man aus deinem Gesicht herauslesen, dass du flirten willst? Ist ein Mundwinkel etwas höher gezogen, hältst du den Kopf etwas mehr in eine Richtung, sind deine Augen leicht verengt durch das leichte Lächeln?

Zu einem klassischen Gesichtsausdruck von einem Mann, der sich unwohl fühlt, gehören in der Regel weit aufgerissene Augen. Manchmal flackern sie sogar und werden kurzzeitig noch größer. Oft passiert das unmittelbar danach, wenn er gerade einen Satz gesagt hat. Weit aufgerissene Augen. Die Angst, was als Nächstes passiert, steht ihm ins Gesicht geschrieben. Die Frauen spüren, dass du dich in deiner Haut nicht wohlfühlst und haben keine Lust auf ein Gespräch. Es fühlt sich verkrampft und unangenehm an. Etwa wie eine Prüfung oder eine unangenehme Aufgabe, auf die man keine Lust hat.

Durchbreche diesen ewigen Kreislauf des Unwohlseins für beide Seiten, indem du ab heute beschließt, Spaß am Kontakt und beim Flirt mit Frauen zu haben.

Keiner hat gesagt, dass es leicht ist oder von heute auf morgen kommt. Aber dein fester Wille ist wichtig, damit es funktioniert.

> *„Wenn du aufgeben willst, erinnere dich daran, warum du angefangen hast."*
>
> VERFASSER UNBEKANNT

Negative Glaubenssätze wie „Frauen flirten nicht gerne mit mir" führen dazu, dass du keine Flirts mit Frauen hast. Dein Glaubenssatz wird zu deiner Realität. Wir Menschen haben eben ungern Unrecht. Somit filterst du in deinem Leben nur die Situationen heraus, die dir bestätigen, dass Frauen nicht gerne mit dir flirten.

Starte ab heute mit positiven Glaubenssätzen in die andere Richtung, damit du es schaffst, aus deinem Schneckenhaus herauszukommen.

Denk immer daran: Das kalte Wasser wird nicht wärmer, wenn du später springst.

Welche negativen Glaubenssätze hast du über das Flirten? Führe die Liste aus Kapitel 2 weiter und wandle die negativen Glaubenssätze in positive um.

Ich habe eine weitere Übung, die dich langsam an das Thema heranführt. Du merkst, wir kommen immer mehr von der Theorie in die Praxis. Falls du jetzt kneifen willst, denke an deinen Vertrag mit dir selbst. Du hast dir ein Versprechen gegeben. Das gilt es nun zu halten.

Welche Aussagen bremsen dich, mit Frauen zu flirten? Kreuze an, welche zutreffen und ergänze eigene Glaubenssätze.

- Das gehört sich nicht, das zu einer Frau zu sagen.
- Sie könnte denken, ich will mit ihr ins Bett.
- Sie könnte denken, ich bin gar nicht an ihr als Person interessiert.
- Was, wenn jemand hört, was ich sage und etwas Falsches über mich denkt?

Finde weitere Beispiele, die dich ausbremsen. Ist es vielleicht ein vermeintlicher Freund, der dir sagt „Solche Frauen wollen nichts von dir“?

Denk immer daran, dass Grenzen nur in unserem Kopf existieren. Als nächsten Schritt wandle diese Aussagen bitte um und mache daraus etwas Positives. Stell dir das so vor, wie wenn ein Teufel und ein Engel auf deiner Schulter sitzen. Der Teufel versucht dir die Gründe einzureden, warum du es nicht kannst. Der Engel findet hingegen immer wieder Argumente dafür und hilft dir.

Glaub mir, der Teufel will dir nichts Gutes. Er will, dass du dich schlecht fühlst und scheiterst. Der Engel möchte, dass du glücklich bist. Höre deswegen nur auf den Engel.

Teufel sagt: So was darfst du nicht zu einer Frau sagen! Die denkt sonst, du willst mit ihr ins Bett!
Engel sagt: Warum ist es ein Geheimnis, dass du sie attraktiv findest? Wie sonst willst du mit Menschen in Kontakt treten? Sie kann ja nicht deine Gedanken lesen. Geh ruhig aktiv auf sie zu. Sie soll doch denken, dass du sie willst. Das ist ja der Sinn der Sache, mein Freund! Hab Mut!

Anderes Beispiel:

Der Teufel sagt: Sie ist zu gut für dich. Die bekommst du nie!

Der Engel sagt: Warum sollte sie zu gut sein? Du kennst sie doch noch gar nicht. Du bist ein toller Mann und jede Frau kann sich glücklich schätzen, dich kennenzulernen, mein Freund. Außerdem musst du am Anfang eines Gesprächs oder Flirts ja nicht wissen, wie es ausgeht. Genieße die Spannung und lass dich überraschen, was passiert.

Ein langjähriger Kunde von mir hatte genau das gleiche Problem. Er dachte immer sofort daran, was man alles Falsches von ihm denken könnte. Durch diese Unsicherheit fühlte er sich unheimlich blockiert im Umgang mit Menschen. Es bezog sich nicht nur auf Flirts, sondern generell, wenn er mit Menschen sprach. Mit der Zeit erkannte er immer mehr seinen eigenen Wert und empfand Freude und Spaß am Leben. Durch diese Entwicklung konnte er plötzlich leichter auf seine Mitmenschen zugehen und fing an, mit Frauen zu lachen und zu flirten. Er wurde immer mehr zum Frauenmagnet.

Es machte unheimlich viel Spaß, ihm bei dieser Entwicklung zuzusehen. Ich konnte förmlich sehen, wie er sich veränderte und seine Gesichtszüge immer offener und lebensfroher wurden. Er brach aus seinem eigenen kleinen Gefängnis aus und machte sein Ding. Dieses Geschenk hat er sich selbst gemacht und ich möchte dir heute erzählen, wie Jack das geschafft hat.

Jack folgte mir schon seit einigen Monaten und schaute immer meine YouTube-Videos. Er hatte schon herausgefunden, dass er einfach zu schüchtern für die Welt war. Es lag nicht nur daran, dass er nicht mit Frauen flirten konnte, sondern er hatte auch gar keine Freunde. Irgendwie hatte er nie wirklich gelernt, wie man Freundschaften knüpft und hält. Und wie man sich regelmäßig bei seinen Freunden meldet, mit ihnen etwas unternimmt, Spaß hat und so die Freundschaft pflegt. Er wusste auch nicht genau, wo dies seinen Ursprung genommen hatte, denn eigentlich war er ein sehr freundlicher Mann. Er hatte viele Interessen, er war sehr intelligent und eigentlich sprach nichts dagegen, dass er Freundschaften haben sollte oder eine Freundin. Doch es war nun so, wie es war. Mit 35 blickte er auf sein Leben zurück und hatte noch nichts, was er an Beziehungen vorweisen konnte.

Er wünschte sich einfach so sehr eine Freundin und er wusste auch genau, dass er sehr viel Liebe zu geben hatte. Er wäre für seine Freundin da. Er wollte heiraten und Kinder bekommen. Er hatte große Ziele im Leben und war nicht bereit, diese Ziele aufzugeben. Mit diesem festen Willen kam er zu mir ins Coaching. Und ich habe genau gesehen, welches Potential in ihm steckte. Ich glaube generell an meine Kunden und merke einfach, je näher ich sie kennenlerne, wie besonders jeder Einzelne ist. Jeder Mensch hat etwas in sich, was es wert ist, geliebt zu werden. Solange er das natürlich selbst noch nicht erkennt, ist es schwierig, das nach außen zu zeigen.

Jacks Aufgabe war zunächst die innere Arbeit. Wir gingen nicht raus und fingen an, Frauen anzusprechen und wir fingen auch nicht damit an, sein Online-Dating-Profil aufzubauen. Es ging erst mal darum, dass Jack lernte, sich selbst zu lieben, denn er war mit diesen vielen, vielen Jahren im Rücken einfach der Meinung, er wäre ein langweiliger Mann, nicht liebenswert und es wäre eigentlich selbstverständlich, dass er seine Ziele niemals erreichen würde.

Er hatte zwar den Wunsch danach, doch so richtig vorstellen konnte er es sich nicht. Ich fragte ihn zu Anfang, ob er bereit wäre, alles zu tun und er sagte ja. Ich nahm ihn beim Wort. Ich nehme meine Kunden und ihre Ziele immer ernst. Ich sehe mich als Coach nicht übergeordnet oder habe das Gefühl, meine Kunden sind wie kleine Schäfchen, die ich in die richtige Richtung bringe.

Alles, was ich in den Coachings aus meinen Kunden heraushole, liegt bereits schon in ihnen und ich helfe ihnen einfach nur, das zu erkennen. Jack sollte als Erstes überlegen, was seine erste Erinnerung daran ist, dass er mit Frauen nicht gut umgehen konnte. Er erinnerte sich an peinliche und unbeholfene Gespräche in der Schulzeit oder auch an unangenehme Situationen während seiner Ausbildung.

Als Kommilitonen von ihm ganz einfach mit Frauen ins Gespräch kamen und er stand einfach nur daneben und schaute zu. Für ihn war es, als würde er immer eine Nebenrolle im Leben von anderen Menschen spielen. Zunächst musste er diesen alten Jack gehen lassen, denn sonst konnte er nicht das erreichen, was er sich vorgenommen hatte. Der alte Jack, von dem er der Meinung war, dass er nicht in der Lage wäre, mit einer Frau zu flirten, musste gehen.

Schreibe bitte jetzt einmal so, wie Jack es getan hat, 15 Eigenschaften über dich auf, die liebenswert, interessant, toll, spannend und einfach einzigartig sind.

Gar nicht so leicht, richtig?

Auch Jack hatte am Anfang Schwierigkeiten 15 Eigenschaften zu finden. Doch es ist wichtig, damit du dir selbst beginnst, vor Augen zu halten, wie wertvoll du bist.

Sei beruhigt, Jack hat das auch nicht innerhalb von einem Tag gemacht. Er hat einige Tage gebraucht, um die Liste voll zu bekommen.

Expertentipp:

Musst du auch sehr genau darüber nachdenken? Fällt dir nichts ein?

Eine hilfreiche Eselsbrücke ist, an Situationen zu denken, wo man zum Beispiel sehr glücklich war oder etwas erreicht hatte oder wo man von anderen Menschen zum Beispiel auf der Arbeit dafür gelobt oder bewundert wurde. Sei es, weil du besonders ruhig und besonnen in stressigen Situationen reagierst oder weil du sehr strukturiert und ordentlich bist.

Vielleicht bist du auch ein total kreativer und geistreicher Mensch oder hast tolle Ideen, vielleicht bist du besonders sportlich oder zielstrebig oder du kannst auch aus der nervigsten Person noch eine positive Eigenschaft ziehen? Egal was es sein sollte und wenn du denkst, es wäre noch so klein, es ist ein Teil, der dich ausmacht und deswegen solltest du ihn würdigen.

Es ist ein Irrglaube, dass es immer nur große, besondere und weltbewegende Eigenschaften sein müssen, damit man etwas Besonderes ist. Alles macht dich zu etwas Besonderem und wenn dir das noch keiner gesagt hat, dann möchte ich es dir gerne heute sagen.

Du bist etwas Besonderes. Und daran kann nichts etwas ändern, keine Frau, keine Eltern, keine Leute in der Schule, keine Arbeitskollegen, keine Nachbarn, kein Mensch auf dieser Welt kann etwas daran ändern. Du bist etwas Besonderes.

Jack konnte sich am Anfang nicht vorstellen, dass sich seine Einstellung zu sich selbst ändern würde. Er dachte, alles bleibt so, wie es ist, denn er hat jetzt so viele Jahre nicht an sich geglaubt und hat es nicht geschafft, über seinen Schatten zu springen. Warum sollte sich etwas ändern? Das Problem war, dass Jack (und viele andere Männer tun es ihm gleich) versucht hat, schon im Äußeren etwas zu verändern, obwohl er im Inneren noch uneins mit sich war.

Deswegen ist es so wichtig, dass du nicht denkst, dass nach außen immer nur Veränderungen sichtbar werden, weil du Bestätigung von Frauen bekommst oder weil du Dates hast oder weil du Sex hast oder weil du in eine Beziehung kommst.

Die wahre Kraft und die Macht, die du möchtest, geht von dir selbst aus. Sie entsteht in deinem Inneren und hat mit dem Äußeren zunächst nichts zu tun. Es ist deine eigene Wahrnehmung von dir und deinem Verhalten.

Nachdem Jack nun einige Tage über seine 15 Eigenschaften nachgedacht hatte und diese dann auch wirklich notiert hatte, ging es weiter. Wir mussten diese Eigenschaften ganz fest in seinem Alltag manifestieren und deswegen sollte er als Nächstes aufschreiben, in welchen Situationen diese Eigenschaften von ihm ans Tageslicht kommen.

Wann zeigt sich, dass du in Stresssituationen ruhig bleibst? Wenn ihr eine Deadline im Büro habt und alle durchdrehen? In welchen Situationen zeigen sich diese positiven Eigenschaften? Jetzt haben wir erst mal dein Innerstes ein bisschen erforscht und jetzt geht es darum, zu erfahren, wie denn dein Umfeld das Ganze wahrnimmt?

Das heißt, in welchen Situationen hast du die Chance, diese Eigenschaften, die du an dir zu schätzen weißt, auch nach außen zu zeigen und welche Personen nehmen sie wahr? Schreib das bitte auf.

Bleibst du zum Beispiel auf der Arbeit sehr ruhig, wenn es stressig ist? Du selbst könntest es als Ruhe wahrnehmen, aber dein Umfeld deutet es zum Beispiel als Desinteresse und Gleichgültigkeit. Um solche Situationen zu vermeiden, teile deine Emotionen mit. Sagt eine Kollegin zu dir zum Beispiel „Es ist so wenig Zeit, ich weiß nicht, wie wir das schaffen sollen", dann sag ihr, dass sie sich keine Sorgen machen soll. Dass du weißt, dass ihr es schafft und du euren Fähigkeiten vertraust. Diese Art wird die Menschen in deinem Umfeld beeindrucken.

Jack stellte fest, dass er auf der Arbeit sehr souverän war und dass man ihn dort auch immer wieder für seine gute Arbeit lobte. Er schaute aber meist darüber hinweg, weil für ihn die Arbeit selbstverständlich war und da es für ihn selbstverständlich war, erachtete er es auch nicht als etwas Besonderes. Ich erzählte ihm, dass es sehr viele Menschen gab, die keine Anerkennung in ihrem Beruf bekamen und die froh darüber wären, zu spüren, dass ihre Arbeit etwas wert war. Unabhängig davon, wie der Chef oder die Kollegen darüber dachten, war es auch wichtig, dass man selbst seine Arbeit wertschätzt, denn nur so kannst du einen gewissen Selbstwert aufbauen, unabhängig davon, was andere über dich sagen. Du kannst dir selbst die Bestätigung geben, die du dir so sehr von außen wünschst. Deswegen würdige jede kleine Eigenschaft, jedes Talent, jede Möglichkeit, dir selbst auf die Schulter zu klopfen.

Mache dir eine Notiz in deinem Kalender und schreibe dir jeden Abend auf, in welchen Situationen du heute besonders gut performt hast. Suche nach Situationen. Am Anfang wirst du denken: „Was soll ich denn da reinschreiben?"

So ging es Jack auch und deswegen solltest du, wenn dir wirklich gar nichts einfällt, erstmal überlegen, in welchen Situationen in deinem Alltag wünschst du dir ein souveränes Auftreten? Wenn du das für dich definiert hast, dann solltest du die nächsten Tage und Wochen sehr akribisch darauf achten, in genau diesen Situationen auch mehr zu handeln wie dein Zukunfts-Ich. So wie du gerne handeln würdest. Du bist auf jeden Fall in der Lage, souveräner aufzutreten.

Natürlich hatte Jake auch einige Rückschläge, das ist ganz normal in einer Entwicklung. Du verlässt deine Komfortzone und bist bereit, Neues zu versuchen. In dieser Zeit wird natürlich auch gezweifelt. Du fragst dich, ob du wirklich das Zeug dazu hast oder natürlich auch, wie lange das Ganze halten wird? Und wenn du das Coaching beendest, ob dann vielleicht alles wieder so ist wie vorher? Hier möchte ich dich wieder an den Vertrag mit dir selbst erinnern. Keiner, kein Coach, nicht du selbst und auch kein anderer Mensch hat die Macht, innerhalb von einer Sekunde über dein Leben zu entscheiden. Du kannst jeden Tag, jede Stunde, jede Minute immer wieder neu entscheiden, ob du den Willen, die Kraft und vor allen Dingen die Motivation und den Wunsch hast, etwas zu ändern. Auch wenn du vielleicht eine Woche oder einen Monat wieder durchhängst oder irgendetwas passiert, was dir einen Rückschlag verpasst. Ich bin mir sicher und habe ein riesengroßes Vertrauen in dich und deine Fähigkeiten, dass du dich wieder aufrappelst und von vorne beginnst. Dich auf deine Qualitäten konzentrierst und mehr Fülle und Zufriedenheit in dein Leben lässt.

Nachdem das nun einige Tage und Wochen zur Gewohnheit wurde, ist es jetzt wichtig, über den Teufel auf deiner Schulter zu sprechen. Er ist immer da und er wird vermutlich nicht weggehen. Wir alle haben diese Stimme in unserem Kopf, die uns sagt: „Kannst du das wirklich? Du hast noch nicht die Kraft dazu, andere können das doch viel besser. Du hast es so oft nicht geschafft, warum solltest du es jetzt schaffen?“

Dieser Teufel will uns nichts Gutes und im Endeffekt ist er dein größter Feind. Du kennst ihn bestimmt als den „inneren Kritiker“. Ich gehe gerne in den Dialog mit dem inneren Kritiker und so habe ich es auch Jack beigebracht.

Zunächst einmal müssen wir verstehen, dass er nicht Teil von uns selbst ist. Unser Gehirn funktioniert einfach so, dass es permanent denkt und bewertet. Aber nicht alles, was wir denken, hat zwangsläufig etwas mit unserer Realität zu tun. Nur denken wir bei über 60.000 Gedanken am Tag wirklich so viel und intensiv, dass wir alles gar nicht bewusst wahrnehmen können. Deswegen brauchen wir eine universelle Lösung dafür, dass der innere Kritiker einfach nicht ernst genommen wird von uns. Das schaffst du, indem du ihn aus deinem Körper herausnimmst. Ich finde diese Übung sehr, sehr schön und mache sie gerne am Anfang meiner Coachings, indem man den inneren Kritiker malt.

Nimm ein Blatt Papier und male deinen inneren Kritiker. Mach ihn so hässlich, wie du nur kannst, denn er ist dein Feind, er ist der Teufel, er ist das personifizierte Böse und wir wollen diesen Kritikern nichts Gutes. Das heißt, male ihn mit ganz vielen Pickeln und Furunkeln. Male ihn giftgrün an, mach ihm hässliche Haare, mach ihm eine dicke, fette pinke Schleife auf den Kopf, zieh ihm hässliche Kleider an. Verpasse ihm einen Riesenschnurrbart. Völlig egal, aber versuche, diesen inneren Kritiker für dich selbst zu etwas Lächerlichem zu machen.

Ich denke immer gerne an die Situation bei Harry Potter im 3. Band. Der Lehrer Professor Lupin versucht, den Schülern die Angst vor einem magischen Wesen zu nehmen. Sobald man es zu Gesicht bekommt, verwandelt sich dieses Wesen in das, wovor man am meisten Angst hat. Die Aufgabe für die Schüler bestand darin, deren größte Angst zu etwas Albernem zu machen. Aus der riesigen giftigen Schlange wird ein lustiger Clown, die große Giftspinne hat plötzlich Rollschuhe an den Füßen und kann das Gleichgewicht nicht mehr halten. Genau das wollen wir mit deinem inneren Kritiker nun auch machen.

Ich bin gespannt, wie dein innerer Kritiker aussieht. Mit dem #innerekritikerlola kannst du ihn gerne auf Instagram posten und mich verlinken. Ich freue mich sehr, eure Kunstwerke zu bewundern.

Jack arbeitete nun weiter an seinem Ziel, zu einem Frauenmagnet zu werden. Durch die innere Arbeit wurde er immer sicherer in seinen eigenen Fähigkeiten. Auf der Arbeit behauptete er sich in Situationen. Normalerweise hätte er nichts gesagt und sich alles gefallen lassen. Plötzlich war es ihm sehr wichtig, dass er für sich selbst einsteht.

Er hatte eine Meinung zu den Dingen und traute sich immer häufiger, diese Meinung auch zu äußern.

Jeden Abend schrieb er auf, welche Situationen er erlebt hat und worauf er stolz war. Immer häufiger bemerkte er, dass er auf seine Entwicklung angesprochen wurde.

„Früher hättest du das nicht so direkt gesagt“ oder „Irgendwie bist du anders“.

Auf den ersten Blick hörte sich das nicht so positiv an und es verunsicherte Jack. Es klang wie ein Vorwurf seiner Mitmenschen. Auch das ist eine wichtige Lektion. Alle Menschen um dich herum sind gewohnt, dass sie dich übergehen können. Sie hören nicht auf deine Meinung und nehmen dich schlimmstenfalls nicht ernst. Durch deine Entwicklung bemerken sie, dass du dir nicht mehr alles gefallen lässt. Um deine Unsicherheit wieder hervorzuholen, kritisieren sie dich.

Mach dir immer wieder bewusst, dass es nichts mit dir zu tun hat. Du hast es verdient, dass du respektvoll behandelt wirst und du bist nicht für die Reaktionen deiner Mitmenschen verantwortlich.

Nun war es für Jack so weit, auch mehr auf Frauen zuzugehen. In seinem Alltag begegnete er rund 5-8 Frauen. Sei es auf der Arbeit oder auf dem Hin- und Rückweg. Normalerweise mied er die Blicke und versuchte die Gespräche so knapp wie möglich zu halten. Auch die Frauen versuchten ihn zu meiden, weil er ihnen ein unangenehmes Gefühl gab. Sie spürten, dass er sich nicht wohl mit ihnen fühlte und vermieden es deswegen, viel mit ihm zu reden.

Jack startete damit, dass er den Frauen aktiv in die Augen schaute. Er bemerkte schnell, dass die meisten Frauen dem Blick eines Mannes gar nicht standhalten können. Sie schauten irgendwann weg. Falls ein Blick doch länger als drei Sekunden ging, dann lächelte Jack die Frau an. Das Lächeln wurde schüchtern erwidert.

Ein Mann, der ein Frauenmagnet ist, wird nicht auf das Feedback einer Frau angewiesen sein. Er verhält sich so, wie er sich verhalten möchte, weil er Lust darauf hat. Manchmal zog er auch provokant die Augenbrauen hoch und grinste sie an. Dann ging er wieder zurück an seine Arbeit. Er versprühte gute Laune und zeigte, dass er sich wohlfühlte.

Jack veränderte auch seine Garderobe. Früher trug er weite T-Shirts und Jacken. Ausgebeulte helle Jeans und immer dasselbe Paar Schuhe. Ihm fiel auf, dass er sich in seiner Kleidung nicht mehr wohlfühlte und verspürte die Lust, etwas zu ändern. Er kaufte sich besser sitzende Hosen und ein paar Hemden. Er ging in die Stadt und suchte sich eine neue Jacke aus. Passend zu den neuen Outfits holte er sich nach und nach verschiedene gut sitzende Schuhe und einen neuen Rucksack. Er kaufte sich diese Dinge nicht, um anderen zu gefallen, sondern er wollte sich selbst gefallen.

Jack führte ein Ritual ein. Bevor er das Haus verließ, schaute er in den Spiegel und schaute sich an. Er lächelte und sagte zu sich selbst: „Du bist ein toller Mann."

Diese unglaublich wertschätzende Art sich selbst gegenüber etablierte er über mehrere Monate.

Auf einer Firmenfeier kam er mit einer neuen Mitarbeiterin ins Gespräch. Sie kam einfach zu ihm und fragte: „Dir macht deine Arbeit richtig Spaß oder? Ich sehe kaum jemanden in dieser Firma, der so gute Laune hat." Er grinste sie an und sagte: „Vielleicht tu ich ja nur so?" Und zwinkerte. Sie lachte und es wurde ein tolles Gespräch daraus. Später am Abend tauschten sie Handynummern aus.

Dies war einer der Schlüsselmomente für Jack. Er ging mit Kollegen nach der Arbeit etwas trinken, er flirtete auf Firmenfeiern mit neuen Mitarbeiterinnen. Er merkte, wie viel sich für ihn verändert hatte. Er spielte keine neue Rolle, sondern er war ein neuer Mensch. Er hatte den alten Jack gehen lassen. Der Jack, der nicht über Witze lachte oder nur leicht die Mundwinkel hochzog. Der alte Jack, der zwei Tage brauchte, um auf eine WhatsApp-Nachricht zu antworten, war weg. Der neue Jack machte bei Geschenken für Kollegen mit und fragte proaktiv, ob er bei etwas helfen könnte. Der neue Jack brachte seiner Familie Wertschätzung gegenüber und er machte vor allen Dingen eins: Er nahm sich selbst wichtig und ernst und das hat alles für ihn verändert.

CHECKLISTE KAPITEL 7:

- Deine negativen Glaubenssätze über das Flirten entlarven
- Ampelübung aktiv im Alltag umsetzen
- Deinen inneren Kritiker (Teufel) entlarven und durch den inneren Unterstützer (Engel) ersetzen
- 15 liebenswerte Eigenschaften von dir definieren
- Inneren Kritiker malen

Du findest mich auch auf Youtube. Dort bekommst du wöchentlich neuen Input zum Thema Liebe, Dating und selbstbewusstes Auftreten.

KAPITEL 8

Die Kunst der Verführung

Hast du dich jemals gefragt, was das Erfolgsgeheimnis von einem Mann ist, der Frauen verführt? Der sich nie großartig bemühen muss und trotzdem immer gerade jemanden datet oder mit Frauen chattet?

Kannst du einen bestimmten Mann in deinem Umfeld benennen, der immer das bekommen hat, was er wollte? Hast du ihn jemals gefragt, warum das so ist?

Zunächst einmal möchte ich dir hier die Illusion nehmen, dass so ein Mann existiert. Jeder Mann, der Erfolg bei Frauen hat, hat auch Niederlagen erfahren. Es gibt nicht nur Schwarz oder Weiß. Du kannst dir sicher sein, dass auch verheiratete Männer oder welche, die oft Frauen kennenlernen und treffen, Niederlagen erfahren haben. Sie haben Körbe kassiert oder wurden betrogen und verlassen. Eine 100-%-Quote hat keiner. Es kommt dir nur so vor, weil von außen betrachtet alles besser und toller aussieht als bei einem selbst.

Du kennst sicherlich den Spruch „Nachbars Rasen ist immer grüner“ und genau darum geht es.

Sprich solche Männer in deinem Umfeld an und frage sie, warum sie so viel Erfolg bei Frauen haben. Frage offen danach. Erzähle, dass dir aufgefallen ist, dass er immer eine Freundin hat und kein Problem damit hat, mit Frauen umzugehen. Höre ihm gut zu, was er zu sagen hat. Der erste Schritt, um selbst so ein Mann zu werden, ist, andere Männer schätzen zu lernen, die bereits dort sind, wo du sein willst.

Jetzt sagst du bestimmt: „Aber Lola, der nimmt mir doch die Frauen weg, die ich auch will? Für mich wäre es doch besser, wenn um mich herum keiner wäre, der Erfolg bei Frauen hätte.“ Wieso solltest du dann daran glauben, dass es möglich ist? Solange du niemanden in deinem Umfeld hast, der dir zeigt, dass es möglich ist, kannst du dich nicht positiv verändern. Solange du glaubst, es gibt niemanden, der dir das Wasser reichen kann, wirst du kaum einen Antrieb verspüren, an dir zu arbeiten. Du bist der Durchschnitt der fünf Menschen, die sich am häufigsten in deinem Umfeld aufhalten. Hast du nur Männer in deinem Umfeld, die Frauen verteufeln und dir erzählen, dass es nicht möglich ist, Spaß mit Frauen zu haben, außer du zahlst dafür? Dann wird dein Unterbewusstsein das Ganze glauben und dich davon abhalten, voranzukommen.

Deswegen lerne die erfolgreichen Männer zu schätzen und sei schlau. Lerne von ihnen. Komm raus aus dem Mangeldenken, denn es gibt genug Frauen für dich. Beschäftige dich nicht mit den Gedanken, die dich von deinen Zielen abhalten. Das wäre doch verrückt oder? Denk an unseren Teufel aus dem 7. Kapitel. Mach ihn mundtot und geh den Weg, den du gehen willst.

Wenn du mit den Männern sprichst, die Erfolg bei Frauen haben, kann es passieren, dass sie dir nicht genau sagen können, warum sie Erfolg haben. Das machen sie nicht, weil sie so bösartig sind und ihr Wissen nicht mit dir teilen wollen. Sie denken einfach nicht darüber nach. Es sind meistens die Menschen, die sich selbst und andere nicht so ernst nehmen. Sie denken nicht viel nach und zweifeln auch nicht. Dafür fallen sie natürlich auch öfters mal auf die Schnauze. Aber auch das nagt nicht an ihnen, sie stehen auf und machen einfach weiter.

Es gibt verschiedene Charaktere auf dieser Welt. Manche ordnen es in drei Gruppen ein, andere finden dafür 16 verschiedene Persönlichkeiten. Ich selbst erkenne in jeder Theorie ein Stückchen Wahrheit. Auch die Beschreibung von Sternzeichen ist nicht selten ins Schwarze getroffen.

In diesem Kapitel möchte ich dir gerne von zwei Männern erzählen, die scheinbar alles in ihrem Leben „leicht" bekommen. Sie sind Frauenmagnete und wissen genau, wie sie sich verhalten müssen, um eine Frau nervös zu machen. Doch warum das so ist, konnten sie nicht so genau definieren. Mit meiner Hilfe haben sie herausgefunden, was sie zu dem gemacht hat, was sie heute sind.

Bevor wir aber über diese beiden Männer sprechen, möchte ich dir etwas Wichtiges mit auf den Weg geben. Werde dir deiner selbst bewusst, um eine Optimierung vorzunehmen. Du hast gewisse Charaktereigenschaften in dir, die dich aktuell von deinen Zielen abhalten. Zum Beispiel durchdenkst du ständig alle Situationen im Kopf, ohne zu handeln und dadurch verlässt dich der Mut. Du bist unsicher, ob du alles richtig machst. Die permanenten unsicheren Fragen führen dazu, dass nichts passiert.

Mache dir zunächst bewusst, dass diese Charaktereigenschaften dich davon abhalten, zum Ziel zu kommen. Es sind nicht die äußeren Umstände. Ein Mann verführt keine Frau wegen seines Autos, seines Bankkontos oder seines Hauses. Ein Mann ist nicht attraktiver, weil er einen gewissen Job hat. Ein Mann verführt eine Frau, weil er sich selbst gut fühlt und von sich überzeugt ist. Das macht wahre Anziehung und Ausstrahlung aus. Natürlich können tolle Jobs, Geld und Statussymbole so einen Mann hervorbringen. Es ist nicht das Auto an sich, das beeindruckt, sondern sein Verhalten, was daraus resultiert.

Jetzt fragst du dich sicher, was ist einfacher? Sich schnell die Statussymbole holen oder lieber an sich arbeiten? Ich habe dir bereits zu Anfang in diesem Buch erzählt, dass nicht wenige meiner Kunden sich genau aus diesem Grund gewisse Autos oder Uhren zugelegt haben. Weil sie Frauen oberflächlich blenden wollten. An ihrer Persönlichkeit haben sie nicht gearbeitet und wurden bitter enttäuscht. Der gewünschte Erfolg bei Frauen blieb aus.

Deswegen möchte ich dir nun gerne von den beiden Männern erzählen, die es geschafft haben, Frauen zu verführen. Ganz ohne Geld und Statussymbole – mit ihrer Persönlichkeit.

Philippe und Alexander waren sich sehr ähnlich. Sie kannten sich nicht, aber ich habe in beiden viele Ähnlichkeiten entdeckt. Ich bin mir sicher, die beiden wären gute Freunde gewesen, hätte ich sie einander vorgestellt. Deswegen möchte ich deren Geschichte gerne gemeinsam erzählen.

Philippe hatte aktuell seine fünfte Beziehung und war sechs Monate mit seiner Freundin zusammen. Er war damals 24 Jahre alt. Alexander war zwei Jahre Single, aber hatte viele Bekanntschaften und Dates und lernte gerade eine Frau kennen, die ihn sehr interessierte. Er war 27 Jahre alt.

Bei den beiden fiel mir zunächst auf, dass sie keinerlei Probleme mit sich selbst hatten. Sie waren selbstbewusst, von sich überzeugt und machten ihr Ding. Philippe wohnte noch zu Hause und hatte lediglich einen Nebenjob auf 450-€-Basis. Alexander wohnte in einer WG und verdiente in einem sozialen Beruf nicht besonders gut. Die beiden machten sich nichts aus Geld oder Statussymbolen. Gleichwohl konnten sie auch nicht damit glänzen, selbst wenn sie wollten. Das Geld war immer knapp. Ihre Dates waren in Parks, draußen an der frischen Luft oder in Shisha-Bars. Mehr war nicht drin für die beiden.

Ich erzähle das nicht so, als wäre es etwas Schlechtes. Ich selbst gehe auch sehr gerne spazieren und in Bars. Ein Cocktail muss nicht 25 € kosten, damit er schmeckt. Ebenfalls braucht es kein Sterne-Restaurant, damit eine Frau von dir überzeugt ist. Im Gegenteil kann sie dadurch sehr schnell merken, dass du mehr als das nicht zu bieten hast.

Es ist viel mehr wert, wenn ein Mann weiß, wie er mit einer Frau umgehen sollte.

Gingen Philippe oder Alex auf Frauen zu und unterhielten sich mit ihnen, hast du sofort gemerkt, dass sie ihr immer wieder tief in die Augen geschaut haben. Das bedeutet, sie haben den Abstand kurzzeitig etwas verringert, haben den Blick nicht abgewendet und die Augen leicht verengt. Dieses Verhalten ist interessant, denn es löst beim Gegenüber meist leichte Nervosität aus. Du signalisierst der Frau unterbewusst, dass du sie willst und dich voll und ganz auf sie konzentrierst.

Unterhielten sich die beiden mit einer Frau, dann gab es kein links und kein rechts. Ich beobachtete es auf Feiern, abends in den Clubs oder Bars. Sie hatten in dem Moment nur Augen für die Frau und schmeichelten ihr damit unheimlich. Doch es war kein anhimmelndes, unterwürfiges Anschmachten. Durch die lockere und coole Art wirkte es authentisch und gar nicht schleimig. Frauen spüren, wenn ein Mann unsicher ist. Versuche, es nicht so stark zu zeigen. Du wirst im Laufe des Gesprächs lockerer werden. Falls du zu starke Unsicherheit zeigst, dann zeigst du der Frau damit, dass du glaubst, du wärst keine gute Partie für sie. Du wirst sie dadurch auch verunsichern.

- Stelle tiefen Augenkontakt her, indem du den Abstand verringerst.
- Habe nur Augen für die Frau und lass dich nicht von deinem Umfeld ablenken, das macht dich sehr glaubhaft und authentisch.

Im weiteren Verlauf des Abends hat vor allen Dingen Philippe immer wieder das „Wir-Gefühl" hervorgerufen. Er machte das unterbewusst, weil er einfach ein sehr herzlicher Typ war. Er gab den Menschen um sich herum das Gefühl, dass sie dazugehörten. Er ließ sie an seinem Leben teilhaben.

Sätze, die Philippe benutzte, um das „Wir-Gefühl" zu erzeugen:

- Die Frau stellt eine Frage und er beantwortet sie nicht gleich und sagt: „Das erzähle ich dir gerne beim nächsten Mal."

➢ Du zeigst dadurch zwei Dinge. Erstens bist du kein wandelndes Lexikon und beantwortest der Frau alles, was sie wissen will. Du hältst dadurch ihre Neugier aufrecht. Zweitens behältst du die Macht über euer Gespräch. Dies ist entscheidend dafür, ob du dich lenken lässt oder selbst die treibende Kraft bist.

- Er erzählt begeistert von einem Restaurant oder Cocktail oder einer Unternehmung, Park, Band etc. Sie hört ihm aufmerksam zu, weil er so leidenschaftlich davon spricht. Dann sagt er: „Das zeig ich dir vielleicht mal."

➢ Er zeigt ihr dadurch, dass er sie wiedersehen will. Außerdem investiert er viel, indem er ihr in Aussicht stellt, sie bei tollen Dingen mitmachen zu lassen, die ihm etwas bedeuten. Im Umkehrschluss zeigt er dadurch, dass sie ihm offenbar auch im entfernten Sinne etwas bedeutet. Der Flirt geht weiter.

- Sie erzählt ihm etwas, was sie ganz wunderbar findet. Es kann ein Geschäft, ihr Beruf, eine Freundin, Familie, Haustier, ... egal was sein.

  Er hört ihr aufmerksam zu und grinst sie an. Das verunsichert sie leicht, weil sie ja gerade so viel erzählt hat. Sie wird entweder fragen: „Was?" Oder er wird direkt antworten: „Du bist ja ganz schön begeistert davon." Dies sagte er in einem etwas neutralen Ton. Sie fragte: „Wieso, ist das was Schlechtes?" Und er sagte: „Ich sehe sehr selten eine Frau, die so begeistert von etwas erzählt. Das ist toll."

Expertentipp: Bist du etwas mutiger, dann kannst du das Wort toll auch durch heiß, sexy oder anziehend ersetzen. Dies heizt den Flirt weiter an.

- ➢ Durch das etwas verzögerte Kompliment hat er die Frau erst etwas verunsichert. Das unwohle Gefühl löst er aber sofort wieder auf, indem er ihr ein indirektes Kompliment für ihre Leidenschaft macht.

Alex ging meist etwas forscher vor. Er war sehr körperlich und kam den Frauen schnell näher. Zunächst schaute er während des Gesprächs der Frau immer wieder abwechselnd auf die Lippen und in die Augen. Später fragte ich ihn, ob ihm das aufgefallen war. Natürlich war ihm das nie aufgefallen. Er erinnerte sich aber daran, dass ihm vor vielen Jahren ein Kumpel diesen Tipp gab, der etwas älter war. Alex vermutete, dass er damals um die 17 Jahre alt gewesen sein musste. Seitdem hatte er diesen Trick etabliert und nun war er für ihn so selbstverständlich geworden, dass er ihn einfach anwandte, wann immer er eine Frau attraktiv fand.

Interessant ist, dass Tricks, die wir lernen, mit der Zeit zu einer Angewohnheit werden. Deswegen darfst du dich entspannt zurücklehnen und darauf freuen, was die nächsten Monate bei dir passiert. Wenn du aktiv die Tipps aus diesem Buch anwendest, dann wird sich etwas verändern.

Tricks sind keineswegs etwas Unmoralisches oder Verwerfliches. Manche Menschen können sie nur schon von vornherein automatisch und ohne etwas dafür zu tun oder darüber nachzudenken. Sie haben ein gewisses Talent dafür. Nur weil du aktuell etwas noch nicht kannst, heißt das nicht, dass du ein schlechterer Mann bist. Du hast den Willen, etwas an deinem Umgang mit Frauen zu verändern und das ist gut so.

Wenn diese Tipps und auch die innere Arbeit am Anfang dieses Buches dir dabei helfen, mehr Selbstbewusstsein aufzubauen, dann ist das goldrichtig. Lass deine Energie frei und konzentriere dich auf die wirklich wichtigen sowie schönen Themen im Leben.

Das Leben ist zu kurz, um immer im „Was wäre, wenn …" zu leben. Meinst du nicht auch?

Alex schaute den Frauen natürlich nicht nur den ganzen Abend in die Augen und auf die Lippen. Er versuchte ihnen auch schnell, auf witzige, lockere Art körperlich näher zu kommen. Wurde zum Beispiel ein Lied etwas lauter gespielt, zog er die Frau an sich heran und wirbelte sie einmal im Kreis. Da er zuvor mit ihnen mindestens 45 Minuten ein Gespräch hatte, war dies keineswegs aufdringlich. Es war zu diesem Zeitpunkt ja bereits klar, dass ein beiderseitiges Interesse besteht. Doch das anfängliche Eis wurde dadurch noch mehr und schneller durchbrochen. Die Tanzschritte hatte Alex sich über YouTube-Videos selbst beigebracht.

Er erzählte mir einmal, dass er mit 19 in einem Club war. Es war eine Feier nach dem Abi, wo alle ausgelassen tanzten und Spaß hatten. Er war das erste Mal in diesem Club und für ihn fühlte sich das alles noch etwas fremd und komisch an. Es war laut, man konnte sich kaum unterhalten und sehr schnell hatte er seine Freunde in der Menge verloren. Er lief überall durch die verschiedenen Räume, die Treppen rauf und die Treppen runter und versuchte irgendwo einen seiner Freunde zu entdecken. Auch auf der Toilette wurde er nicht fündig. Auf dem Rückweg musste er sich durch die Tanzfläche quetschen, weil auf der anderen Seite noch eine Sitzecke war. Er vermutete, dass sich einige dorthin zurückgezogen hatten. Seine Freunde waren nicht die leidenschaftlichsten Tänzer. Als er sich da so durch die Tanzfläche drängelte, war plötzlich ein kurzer Moment, wo er nicht weitergehen konnte, weil es einfach zu eng war. Neben ihm war ein Mädchen, das ihn anschaute. Sie kam tanzend ein bisschen näher und Alex bemerkte, dass sie ihn offenbar attraktiv fand.

Sie hatte nicht wahrgenommen, dass er sich einfach nur durchquetschen wollte und dachte vermutlich, dass er die ganze Zeit schon neben ihr tanzte und sie ihn gerade erst entdeckt hatte. Sie bewegte sich immer mehr rhythmisch zu der Musik. Ließ ihre Hüften kreisen und nahm die Arme etwas über den Kopf. Alex wurde ganz heiß, obwohl es in diesem Raum sowieso schon total heiß war. Sie wollte mit ihm tanzen, aber er hatte noch nie getanzt und schon gar nicht mit einer Frau. Tanzen unter der Dusche zählte vermutlich nicht. Etwas unbeholfen fing er an, mit einem Fuß zu stampfen und klatschte in die Hände. Sie schaute ihn irritiert an, er hörte sofort damit auf. Als Nächstes versuchte er, ihre Tanzschritte nachzuahmen, was aber auch nicht die beste Idee war, da sie sehr lasziv mit ihren Hüften kreiste. Er schaute sich nervös um und schaute, wie die anderen Männer tanzten. Doch er konnte irgendwie nichts richtig erkennen. Es war ein wildes Gewaber ohne konkrete Hinweise auf einen Tanzschritt, den er schnell nachmachen konnte. Bevor die Situation ihn vollkommen einnahm, drehte er sich schnell um und quetschte sich durch die Reihen und ging woanders hin. Er schämte sich so sehr für diese Situation. Die Frau hatte offensichtliches Interesse und er war einfach nur eine Spaßbremse und hatte keine Ahnung, wie er mit ihr tanzen sollte. Den ganzen Abend über hatte er Angst, ihr noch mal über den Weg zu laufen. Er erzählte niemandem von diesem Erlebnis.

Dieser Moment hat Alex geprägt. Er fing dann an, YouTube-Videos zu schauen und brachte sich selbst bei, wie man sich mit einfachen Tanzschritten im Club nicht blamierte.

Und so wurde dies zu seinem Markenzeichen. Heute lacht er über die Situation, die er damals in dem Club erlebt hatte. Er kann darüber lachen, weil er sich davon nicht hat unterkriegen lassen. Er hat selbst über sein weiteres Schicksal entschieden und seinen größten Feind zu seinem Freund gemacht.

Dies ist einer der entscheidenden Charakterzüge, um Erfolg zu haben. Du packst das Problem am Schopf und schreibst die Geschichte neu. Du lässt dich nicht von den Umständen treiben, sondern machst dir jeden Tag aufs Neue klar, dass du die Fäden in der Hand hast.

Philippe war der Liebere von beiden. Er war früher geprägt von Zurückweisung und Verletzungen. Dies begann bereits in frühen Jahren, als seine Mutter bei einem Autounfall starb. Er war sehr emotional und hatte keine Probleme damit, Gefühle zu zeigen. Doch manchmal überkamen ihn seine Gefühle oder er zeigte sie zu schnell zu viel. Damit überforderte er sein Umfeld und sie wiesen ihn ab. Diese Zurückweisung hat ihm viele Jahre der Einsamkeit beschert, weil er nicht verstand, warum seine tiefe Zuneigung nicht erwidert wurde. Er verstand nicht, warum es nicht okay war, in der ersten Woche schon „Ich liebe dich“ zu sagen oder einfach nach dem ersten Date bereits bei ihr spontan abends zu klingeln, ohne vorher anzurufen.

Die Frauen zeigten ihm ihre Grenzen durch Zurückweisung und er verstand es als Zurückweisung zu seiner Person. Durch Literatur verstand Philippe, dass er zu forsch vorging und Grenzen überschritt, ohne gewisse Phasen einzuhalten. Als er das verstand, wurde er zum Frauenmagnet und konnte mit seiner liebevollen Persönlichkeit und seinem Charme punkten.

Rückfälle hat er heute keine mehr. Warum kommen die Probleme immer wieder zurück, wenn man sie eigentlich bereits erkannt und eliminiert hat? Du musst dich immer fragen, was dir wirklich dabei hilft, zum Ziel zu kommen. Nicht jeder Weg ist derselbe.

Man kehrt zu schlechten Gewohnheiten zurück wegen Stress, Schlafmangel, persönlichen Problemen, Familie usw. Doch wenn ein größeres Ziel dahintersteckt und eine Vision, dann rappelt man sich immer wieder auf und ist zu neuen Wundern bereit.

Philippe erhielt sich immer diesen Optimismus. Er half ihm durch jede schlechte Phase und durch seine gesamte Entwicklung. Heute würdest du ihn dir anschauen und sagen: „Na ja, dem fliegt ja in seinem ganzen Leben alles zu." Ohne zu wissen, was er alles durchgemacht hatte. Urteile niemals und geh völlig wertfrei auf jeden Menschen zu. Du hast es verdient und sie haben es auch.

CHECKLISTE KAPITEL 8:

- Männer in deinem Umfeld, die dich inspirieren, aufschreiben
- Diese Männer interviewen, was ihre Geheimnisse sind
- 3 Tipps aussuchen und aktiv im Alltag umsetzen

KAPITEL 9

Von der Theorie in die Praxis

Es ist an der Zeit, von der Theorie in die Praxis zu gehen. Du hast in diesem Buch so viele verschiedene Übungen und Tipps gelernt, wie du die Kunst des Flirtens lernen kannst. Doch all die schönen Theorien und Übungen helfen dir nicht weiter, wenn du nicht ins Handeln kommst.

Wenn du „dieser Mann" werden willst, der mit Frauen flirtet und Anziehungskraft ausübt, aber aktuell noch nicht das Gefühl hast, dass du dieser Mann bist, dann gibt es eine weitere einfache Übung, die ich dir nun zeigen möchte. Mit dieser einen Sache wirst du dich nach und nach immer mehr verhalten, wie es notwendig ist, um so zu werden, wie du es dir wünschst.

Frage dich in jeder Situation: „Was würde „er" tun?" Sei der Mann, zu dem du aufschauen würdest. Was würde dein zukünftiges ich tun, wenn es seine Ziele erreicht hätte? Was würde es in dieser Situation sagen oder machen, wenn es sich selbstbewusst und voll in seiner Mitte fühlt? Es wird in 99 % der Fälle etwas Mutiges sein, was du dir aktuell noch nicht vorstellen kannst zu tun. Tu es. Je häufiger du dich fragst, was „der Mann" jetzt tun würde und es dann genauso machst, desto schneller kommst du an dein Ziel.

Komme ab heute spätestens von der Theorie in die Praxis. Mach das, indem du dich im Alltag beobachtest. Wann hättest du gerne direkter mit Frauen geflirtet oder kommuniziert? Schreibe dir die Situation abends auf und überlege dir, was „er" getan hätte. Schule dich darin, die Situationen, die du für dich nutzen kannst, zu erkennen und schneller zu reagieren. Je häufiger du eine Möglichkeit erkennst und dir im Nachhinein reflektierst, wie du hättest reagieren können, desto leichter wird es dir mit der Zeit fallen, auch wirklich direkt zu reagieren. Du wirst nicht mehr der Mann sein, der nur zusieht, wie etwas passiert, sondern der, der etwas macht!

Männer, die gut im Flirten sind, sollten erkennen können, ob eine Frau gerade offen ist zu flirten oder nicht. Dies kannst du auch mit einer ganz entwaffnenden Frage herausfinden: „Sag mal, du flirtest doch gerade mit mir oder?" oder „Versuchst du gerade mit mir zu flirten?"

Wenn du dir nicht sicher bist, ob sie flirtet oder einfach nur nett ist, dann kannst du diese freche Frage mit einem Augenzwinkern stellen. Manche Frauen wirken auf dich einfach so, als würden sie flirten. Das liegt an der Anziehungskraft, die du spürst. Die geht aber nicht von ihr aus, sondern von dir.

Du findest diese Frau gerade sehr attraktiv und sie redet mit dir. Das sagt deinem Unterbewusstsein, dass sie dir Aufmerksamkeit schenkt und somit im Begriff ist, mit dir zu flirten. Fakt ist aber, dass viele Frauen einfach nur nett und gut gelaunt sind und es deswegen nur so wirkt. Egal, welche Intention die Frau hatte, du wirst sie mit deiner Frage vor allen Dingen eins: verwirren.

Sie wird darüber nachdenken, wie sie sich bei dir fühlt und ob sie unterbewusst mit dir geflirtet hat. Je nachdem, was du für ein Ziel hast, kannst du dann weiter auf den Flirt eingehen und mehr daraus werden lassen.

So ähnlich ist es auch einem Kunden von mir passiert. Christian war mit Arbeitskollegen unterwegs und eine davon war eine

Arbeitskollegin, auf die er schon lange ein Auge geworfen hatte. Natürlich fanden sie alle Kollegen scharf und es war ihm fast klar, dass er keine Chancen hatte. Doch schauen wir uns mal an, was die Kneipentour am Ende für Christian bereithielt.

Es war 19 Uhr und sie fuhren vom Büro mit der Straßenbahn in Richtung Innenstadt. Sie waren gut gelaunt und in Feierabendstimmung. Christian, sein Kollege Nick und noch drei weitere Männer, die im weiteren Verlauf keine Rolle spielten. Außerdem noch Simone, Toni und Verena. Um Verena soll es in dieser Geschichte vor allen Dingen gehen, denn Christian hatte schon lange ein Auge auf sie geworfen.

Fünf Männer und drei Frauen gingen gut gelaunt durch die Straßen in Richtung einer Bar. Es war in Frankfurt auf der Freßgass. Eine belebte Straße, die verschiedene Bars und weitere kulinarische Überraschungen zu bieten hatte. Sie gingen gezielt auf eine Bar zu und verschafften sich einen großen Tisch draußen. Es waren angenehme 28 Grad und die Sonne ging gerade unter.

Drinnen spielte etwas lautere Musik, aber draußen war es ruhig. Alle fühlten sich völlig fertig von der anstrengenden Woche und hatten das Wochenende bitter nötig. Verena hatte zudem zwei Monate lang auf Alkohol verzichtet und freute sich heute auf das eine oder andere Glas Wein. Sie setzten sich hin und Christian schaute unruhig, ob es möglich war, sich in Verenas Nähe zu setzen. Er versuchte auch auf der Arbeit immer an sie heranzukommen, aber das war gar nicht so leicht.

Alle Männer auf der Arbeit bewunderten sie und so war es unglaublich selten, sie mal allein anzutreffen.

Christian wusste aus meinem Coaching, dass Männer attraktiven Frauen oft am Rockzipfel hingen und sie bewundernd auf ein Podest stellten. Er selbst hatte auch unzählige Male diesen Fehler gemacht. Bei Verena wollte er ihn nicht noch mal machen. Er fühlte sich durch das Coaching gestärkt genug, offensiver zu werden.

Er setzte sich neben sie und atmete entspannt aus. Sie schaute ihn an. „Na erleichtert?“, fragte sie. „Ja, dass ich neben dir sitze und nicht neben Nick!“, antwortete Christian frech. Verena lachte. Christian ging aber nicht weiter darauf ein und wandte sich anderen Gesprächen zu. Die Stunden vergingen und es wurde ein lustiger Abend. Ihm fiel auf, dass immer, wenn Verena etwas sagte, ihr alle zustimmten. Keiner widersprach ihr. Sie war eine sehr selbstbewusste Frau und auch sehr schlau. Natürlich hatten die Dinge, die sie von sich gab, Hand und Fuß. Jetzt gerade fachsimpelte sie über einen neuen Kunden und äußerte ihre Meinung über dessen Vertriebsstrategie. „Nein, das sehe ich nicht so“, hörte sich Christian plötzlich sagen. Er widersprach ihr und alle um den Tisch herum schauten ihn an. Er führte sein Argument weiter aus und schaute Verena an. Ihr klappte kurz der Mund auf, als wüsste sie nicht, was sie sagen sollte. Sie war es nicht gewohnt, dass ihr ein Mann widersprach. In ihren Augen sah Christian etwas aufblitzen. Dann lächelte sie und sagte: „Du hast recht, von der Perspektive aus habe ich es noch gar nicht betrachtet.“ Christian war in diesem Moment unglaublich angespannt, aber äußerlich strengte er sich an, cool zu bleiben.

Er wusste, wie wichtig es war, attraktiven Frauen auch mal Kontra zu geben und nicht immer der „Ja-Sager“ zu sein. Mission erfolgreich erfüllt. Vor allen Dingen war er wirklich anderer Meinung als sie. Er rechnete es ihr hoch an, dass sie auf seine Kritik eingegangen war und nicht unbedingt recht behalten wollte.

Die Gespräche nahmen ihren Lauf und wenig später verabschiedeten sich die Ersten. Am Ende waren noch Nick, Christian, Verena und Toni übrig. Die beiden Frauen gingen kurz auf die Toilette.

Nick beugte sich zu Christian rüber und sagte: „Ey, Verena mach ich mir heute Abend noch klar.“ Und zwinkerte ihm zu. Christian wusste, dass Nick ein Auge auf Verena geworfen hatte. Er machte auch im Büro kein Geheimnis daraus. Er vermutete, dass Verena die Anmache und die Aufmerksamkeit gefielen, aber so richtig interessiert an ihm schien sie nicht zu sein. Die Angst saß ihm dennoch im Nacken, dass Verena sich von Nick einwickeln lassen würde. Immerhin hatte sie schon einige Gläser Wein getrunken. Er durfte die beiden auf keinen Fall alleine lassen.

Als Verena und Toni zurückkamen, stand Nick auf und sagte: „Na, dann hol ich mal die nächste Runde, Mädels.“ „Für mich nichts mehr, danke“, sagte Verena. Nick schien etwas irritiert, aber beachtete Verena nicht weiter. „Dann hol ich mir wenigstens was“, sagte er und ging an die Bar. Christian hatte aber gesehen, wie Verena Nick angeschaut hatte. Er hatte das Gefühl, sie interessierte sich auch für Nick. Es war aussichtslos, er würde doch wieder den Kürzeren ziehen. Er dachte an sein Coaching und was Lola jetzt sagen würde. „Christian, entweder du gewinnst oder du lernst“, sagte Lola immer. Seine Stimmung wurde schlagartig wieder gut und er wandte sich Toni zu. „Hey Toni, erzähl mal von dem Ausflug letzte Woche. Du hast am Montag so gestrahlt, als du zur Arbeit kamst. Muss toll gewesen sein in der Natur?“, sagte Christian.

Toni schaute ihn schüchtern an. Sie war neben Verena eher die graue Maus. Auch im Büro war sie ruhig und erzählte kaum etwas von sich. Christian fand das schade, denn sie war sehr sympathisch und sicherlich hatte sie mehr zu bieten, als sie sich traute zu zeigen.

„Ähh, ja, es war wirklich toll. Wir haben abends einen eigenen Grill gebaut und uns Pizza gemacht. Kannst du dir das vorstellen? Einfach mal so Pizza backen unter freiem Himmel.“ Sie lachte. Christian lachte auch. „Nein, das ist wirklich crazy“, sagte er.

„Christian?“, fragte Verena. Offenbar störte es sie, dass er ihr keine Aufmerksamkeit schenkte. „Hast du Lust, noch etwas zu trinken?“, fragte sie. Er überlegte und sagte dann: „Noch ein letzter Drink, dann ist aber Schluss.“ Er stand auf. „Willst du auch etwas?“, fragte er Toni. „Ja, noch einen Wein, danke“, sagte sie. Christian und Verena liefen in Richtung Bar. Nick kam ihnen entgegen. „Was macht ihr denn?“, fragte er überrascht. „Wir holen was zu trinken. Geh schon mal zu Toni“, sagte Verena.

Sie stellten sich an die kurze Schlange und warteten, bis sie dran waren. Verena lehnte sich gegen einen Barhocker und schaute Christian von der Seite an. „Wann fragst du mich eigentlich endlich mal nach einem Date, Chris?“, fragte sie. Christian war völlig perplex. Sie machte ihn gerade an? Er traute seinen Ohren nicht. „Würdest du denn Ja sagen?“, konterte er. „Probier es aus“, flirtete sie. Er lachte und wieder erinnerte er sich an Lolas Worte. Lass auch mal die Spannung etwas laufen und löse sie nicht sofort. In diesem Moment atmete Christian ganz ruhig und wartete etwas ab. Er lächelte immer noch und machte sich bereit, Verena die alles entscheidende Frage zu stellen. In diesem Moment kam jemand von hinten. „Braucht ihr Hilfe?“, fragte Nick. Der schon wieder, dachte Christian.

Nick blieb neben den beiden stehen und fing mit Verena ein Gespräch an. Er konnte es nicht ertragen, dass Christian mit ihr allein war. Wenig später trugen sie die Getränke zurück an den Tisch und unterhielten sich weiter. Toni wurde immer lockerer und erzählte immer mehr über ihre Hobbys. Das Wandern, die Zeltausflüge, ihr Camper und der letzte Fallschirmsprung. Es war Christian gar nicht klar gewesen, dass sie ein so aktiver Mensch war. Er musste zugeben, dass sie wirklich eine sehr interessante Frau war. Hatte er sich womöglich für die falsche Frau interessiert? Verena zog einfach alle Aufmerksamkeit auf sich und man vergaß in ihrer Gegenwart schnell, dass es auch noch andere tolle Frauen gab.

Christian war sich auf einmal gar nicht mehr sicher, ob er sich wirklich weiter mit Verena beschäftigen wollte oder ob er eher Toni seine Aufmerksamkeit schenken sollte. Er beschloss, dass es an diesem Abend nicht entschieden werden musste. Er genoss einfach den letzten Wein mit seinen Kollegen und wenig später teilten sie sich alle ein Taxi. Nicks´ Haus war das erste auf der Route. Christian lachte sich insgeheim ins Fäustchen. Nick schien das auch sehr zu stören, aber er konnte jetzt nichts mehr dagegen machen. Er stieg aus und wünschte allen noch einen schönen Abend.

Christian fuhr weiter und saß in der Mitte zwischen den beiden so unterschiedlichen, aber sehr interessanten Frauen. Welche würde wohl zuerst aussteigen? Er wusste es nicht.

Plötzlich sagte Verena: „Halten Sie bitte hier an, wir müssen hier raus." Natürlich. Sie stiegen beide gleichzeitig aus, welch Ironie des Schicksals.

Sie gaben dem Taxifahrer Geld und verabschiedeten sich von Christian. „Bis Montag", zwinkerte Toni. Sie war wirklich süß.

Christian sackte in seinem Sitz zusammen und seufzte tief. Er hatte durch seine Schwärmerei für Verena vollkommen aus den Augen verloren, dass es auch andere liebe und interessante Frauen gab. Die Welt war voll davon. Diese Erkenntnis war genauso beruhigend wie auch verwirrend. Er nahm sich vor, in den nächsten Wochen Flirtversuche mit verschiedenen Frauen zu starten, um sich nicht zu sehr auf Verena zu fixieren.

So kommst du von der Theorie in die Praxis:

- 3-Sekunden-Regel anwenden beim Ansprechen (nicht länger als 3 Sekunden warten, sonst fängst du an, es dir auszureden).
- Nimm dir einen Freund mit und geht abends etwas trinken (er kann dich stärken und motivieren, wenn du einen Ruck brauchst).

- Denke nur positiv über den Kontakt mit Frauen und freue dich auf die Bekanntschaften und Gespräche.
- Sei geduldig mit dir selbst und lerne, mit Spaß zu flirten.

> *„Flieg nur so hoch, wie du bereit bist zu fallen."*
>
> VON UNBEKANNT

Habe ganz viel Geduld mit dir selbst. Das befreiende Gefühl, nicht von den Frauen abhängig zu sein, wird kommen. Du wirst dich und dein Schicksal unter Kontrolle haben. Dieses freie Gefühl, dass du nicht immer alles kontrollieren musst und einfach genießt. Ein mutiger Mann gibt Frauen Kontra, überrascht sie und hat keine Angst vor der Reaktion. Ansonsten ist die Frau nicht mit einem Mann zusammen, sondern mit einem Fan.

> *„Habe Ziele und mach dein Ding.*
> *Vieles wird sich dann von selbst regeln."*
>
> LOLA SPARKS

Hab keine Angst zu versagen.

Die Tage, an denen du nicht willst, sind die, an denen du musst.

CHECKLISTE KAPITEL 9:

- ✦ Definiere deine größten Hürden
- ✦ Handle immer häufiger wie „er"
- ✦ Nimm dir einen Freund und gehe Frauen ansprechen

KAPITEL 10

Die Angst zu versagen

Durchhaltevermögen, etwas beizubehalten, was man noch nicht kann, erfordert viel Disziplin. Oder erfordert es Durchhaltevermögen, um diszipliniert zu sein? Die große Diskussion, ob nun das Huhn oder das Ei zuerst da war, greift auch hier. Beides kann richtig sein. Du kannst mit viel Disziplin sehr lange durchhalten. Dadurch, dass du lange durchhältst und deine Übungen machst, Frauen ansprichst und über deine Komfortzone hinausgehst, wirst du eines Tages zum Ziel kommen. Dein Scheitern ist nur garantiert, wenn du aufgibst. Daher behalte immer deine Ziele im Auge.

> *„Wenn du aufhören willst, erinnere dich daran, wieso du angefangen hast."*
>
> VERFASSER UNBEKANNT

Andersherum macht es natürlich auch Sinn. Durch viel Durchhaltevermögen kann eine gewisse Disziplin entstehen. Du merkst schon: Es führt kein Weg daran vorbei. Ich kann dir noch so viele Übungen mit an die Hand geben, doch umsetzen und dranbleiben musst du selbst. Es hat sich gezeigt, dass Menschen am häufigsten an ihren Zielen dranbleiben, wenn sie sowohl Gleichgesinnte mit im Boot haben als auch wenn für sie sehr viel auf dem Spiel steht.

Nicht ohne Grund sind Selbsthilfegruppen in allen Bereichen eine große Stütze. Du kannst Ängste äußern, ohne dich zu schämen, und du findest Menschen, die mit dir gemeinsam in dieselbe Richtung wollen. Was bedeutet es, wenn man sagt „Es steht viel auf dem Spiel"? Wir denken vielleicht an Fußballer, die gerade im Finale stehen und die letzten Minuten des Spiels laufen ab. Noch ein Tor und der Sieg ist zum Greifen nah. Ein sehr großer Druck lastet auf den Spielern. Es steht viel auf dem Spiel. Doch ist das wirklich so? Gehen wir davon aus, dass das alles entscheidende Tor nicht fällt. Nach dem verlorenen Spiel gehen alle duschen und fahren nach Hause zu ihren Familien und Freunden. Der Vater küsst seine Kinder, die gerade ins Bett gehen. Der junge Mann begrüßt seine Eltern an der Tür und fällt müde in sein Bett. Am nächsten Tag hat seine Mutter ein großes Frühstück zubereitet und die Brüder kommen zu Besuch. Ein anderer geht feiern und lässt es sich gut gehen. Alle Spieler leben ihr Leben weiter und das verlorene Spiel rückt immer weiter in den Hintergrund. Der eine verarbeitet es schneller als der andere. Auch die Fans sind inzwischen wieder in ihren Alltag zurückgekehrt und erinnern sich nur selten an das Erlebte. Im Leben von jedem Einzelnen gibt es weitere Mittelpunkte und Gründe zu leben und zu genießen.

Genauso ist es mit dir und mit mir. Wir haben Ziele und Träume und nicht alle gehen in Erfüllung. Was würde schlimmstenfalls für dich passieren, wenn du nicht lernst zu flirten? Möglicherweise lernst du es durch dieses Buch. Aber vielleicht legst du das Buch auch weg und lebst dein Leben weiter wie bisher. Alles ist möglich. In ein paar Tagen, Wochen oder Monaten triffst du eine Frau und ihr verliebt euch. Ihr zieht zusammen, heiratet und gründet eine Familie. Vielleicht seid ihr auch nur ein paar Wochen zusammen und geht dann wieder getrennte Wege. Wer weiß das schon.

Jeder Mensch hat sich schon einmal in seinem Leben etwas vorgenommen. Sei es ein Studium, eine Prüfung, eine Sprache zu lernen, ein Land zu bereisen oder zum Beispiel Flirten zu lernen. Wir setzen vielleicht alles auf eine Karte und haben das Gefühl, es steht unheimlich viel auf dem Spiel. „Wenn ich es jetzt nicht schaffe, ist es zu spät." Aber wer hat denn das Recht, für dich zu entscheiden, ob es dann zu spät ist? Wer darf für dich entscheiden, ob du in ein paar Jahren vielleicht all das erreicht hast, was du dir wünschst? Keiner hat die Glaskugel bisher erfunden und deswegen sind Spekulationen negativer Art nur hinderlich für dich.

Es gibt für dich im Leben noch so viel mehr als nur diese eine Sache. Du kannst Spaß haben, Zeit genießen und anderen Menschen eine Freude machen. Es geht nicht immer nur um dieses eine Ziel: „Wenn ich das nicht schaffe, geht die Welt unter. Dann habe ich mein Leben nicht richtig gelebt."

Nein! Da ist noch so viel mehr mein Freund!

Mache dir heute eine Liste von mindestens 20 Dingen, die dich mit Glück und Zufriedenheit entweder jetzt oder in der Zukunft erfüllen werden. Du darfst von sehr großen Dingen bis hin zu kleinen Banalitäten alles aufzählen. Denke daran, wir leben in einer sehr privilegierten Welt. Wir leiden keinen Hunger, wir haben ein Dach über dem Kopf und es steht uns jeden Tag frei zu denken, zu fühlen und zu sagen, was wir wollen. Das ist sehr viel wert, vergiss das nicht.

Beispiele für deine Genießer-Liste:

- Penne arrabiata mit sehr viel Käse
- Ein anstrengendes Workout und eine schöne lange Dusche danach
- Mein Lieblingsfilm eingekuschelt im Bett
- Der Besuch in diesem süßen alten Kino mit den bequemen Sesseln und dem leckeren Popcorn

- Das weite schöne Land, das ich nur aus Filmen und Büchern kenne
- Das Lachen eines lieben Menschen, weil ich für ihn da bin
- Die schweren Umzugskartons meines Kumpels, dem ich helfe
- Der Glanz meines frisch gewaschenen Autos, das mit der Sonne um die Wette funkelt
- Die perfekt sitzende Jeans, die ich entdeckt habe beim Einkaufen, obwohl ich erst keine Lust hatte hinzufahren
- Die letzte Seite eines guten Buches, das ich auf jeden Fall wieder lesen werde, wenn mir danach ist

Definiere Zeitpunkte, wann du diese Dinge umsetzen wirst. Schreibe hinter jeden Punkt ein Datum, wann du es machen möchtest.

Auch Sam fiel es unheimlich schwer, sich auf die vielen schönen Dinge im Leben zu konzentrieren. Er lebte ein Leben, das sich nur auf eine einzige Sache konzentrierte: Eine Freundin finden. Er wünschte sich nichts mehr, als eine Frau an seiner Seite zu haben, mit der er sich etwas aufbauen konnte. Mit den Jahren verlernte er das Leben zu genießen und zog sich immer weiter zurück. Eines Tages saß er am Laptop und gab bei YouTube das Stichwort „Freundin finden“ ein. Er bekam einige Videos angezeigt und wählte ein Video von mir aus. An diesem Tag schaute er mehr als 10 Videos und begann, sich für Persönlichkeitsentwicklung zu interessieren. Das Wort hatte er zwar schon mal gehört, aber so richtig darunter vorstellen konnte er sich nichts. Sam dachte, wenn er sich entwickelte, hieß das, er müsste sein altes ich verraten. Als würde er eine Rolle spielen und es wäre nichts Echtes daran.

Mit jedem Video verstand er ein Stückchen mehr, dass es nicht darum ging, seine Ideale, Träume und Ziele zu verraten. Es geht darum, sich selbst wichtig zu nehmen und das nach außen anders zu kommunizieren. Vor allen Dingen verstand er, dass es darum ging, wie er mit sich selbst jeden Tag sprach. Ob er sich die gewünschten Ziele auch zutraute und sich darin bestärkte.

Ihm wurde bewusst, dass er sich meist eher weggeduckt hatte und sich selbst schlecht behandelte.

So kam Sam zu mir ins Coaching. Er war völlig ahnungslos, wie er das Thema angehen sollte. Ich arbeitete drei Monate lang mit Sam und machte mit ihm alle Übungen, die ich dir auch in diesem Buch vorgestellt habe, und noch ein paar mehr. Wir sprachen jede Woche im Zoom-Call über seine Erfolge und wie sich seine Gedanken entwickelten.

Sam machte schnell Fortschritte. Am Anfang sprach er immer wieder darüber, dass er sich nicht ändern könne. Er traute sich nicht zu, dass er die Kraft hatte. Wir starteten mit morgendlichen Affirmationen und er sollte abends aufschreiben, wofür er dankbar war und warum morgen ein toller Tag werden würde. Die Erkenntnis kam schnell, dass er sein ganzes Leben für so selbstverständlich hielt, dass es kaum etwas gab, was ihm wirklich Freude machte.

Ich erteilte ihm ein Dating-Verbot und bat ihn, sich einmal 10 Wochen nur mit sich selbst zu beschäftigen. Er sollte vergessen, dass er eine Freundin suchte und aufhören, in Social Media anderen Paaren dabei zuzusehen, wie sie das Glück lebten, was er wollte.

Die erste Woche war noch holprig. „Lola, wie soll ich das denn schaffen, draußen laufen doch überall Paare herum“, sagte er. Ich antwortete: „So, dann bekommst du jetzt die Aufgabe, nach den Menschen zu suchen, die rote Haare haben.“ Wir legten den Fokus einfach um. Denn was Sam machte, war unterbewusst nach dem zu suchen, was er nicht hatte. Er fütterte so immer mehr das Defizit in sich selbst, dass er nicht in der Lage war, eine Freundin zu finden und zu halten.

Einen Tag später schickte er mir eine Sprachnachricht und sagte: „Lola, total verrückt, ich habe drei Leute mit roten Haaren gesehen und meine Arbeitskollegin hat heute davon geredet, dass sie gerne mal rote Haare hätte. Verrückt oder?“ Er lachte. Ich lachte auch und war zufrieden, denn auf die Kraft der Anziehung ist Verlass.

In den folgenden Wochen begann Sam, sich nach einem neuen Hobby umzusehen. Er kannte nur Arbeit, schlafen, essen. Deswegen fehlten ihm auch die sozialen Kontakte. Er entschied sich, in einen Fahrradclub einzutreten und begann an den Wochenenden große Radtouren zu machen. Die Menschen waren von gemischtem Alter und Sam hatte richtig Spaß daran, sich auszupowern. Die gemeinsamen Pausen waren angenehm, denn jeder teilte sein Essen und erzählte etwas von sich. Er fand schnell neue Freunde und war sehr glücklich. Unter den anderen war er der Jüngste mit 26 Jahren, aber das war ihm egal. Sie hatten so viel Spaß, da kam es nicht darauf an, ob der Nächstältere 40 war oder so alt wie er.

Ehe sich Sam versah, waren die 10 Wochen herum und ich erinnerte ihn daran, dass er sich ja nur auf sich konzentrieren sollte und fragte, wie es ihm inzwischen damit ging. Das Ergebnis machte mich so glücklich, denn Sam fühlte sich wohler denn je. Er hatte viele seiner alten Defizite abgelegt und Glück und Zufriedenheit in anderen Dingen gefunden. Er beschrieb mir, wie er abends mit einem Lächeln vor dem Spiegel stand und einfach nur happy war, sein Ding zu machen. Genau darum ging es.

Nun konnte er wieder langsam anfangen, in die Datingwelt zu starten. Es stand bald eine Gartenfeier von seinem Verein an und er hatte sich freiwillig für die Organisation gemeldet. Es sollten auch andere Gäste von außen eingeladen werden, um Geld für den Verein einzunehmen und deswegen verteilten sie in der ganzen Stadt Flyer und fragten in den Geschäften, ob sie die Flyer aufhängen oder hinlegen durften.

Er schlenderte die Einkaufspassage seiner Stadt entlang und ging von Geschäft zu Geschäft. Ein Kumpel war auf der anderen Straßenseite und beklebte dort eine Litfaßsäule. Nach der Apotheke kam eine kleine Boutique. Sam schaute durch das Schaufenster und konnte niemanden entdecken. Er ging zur Tür und öffnete sie. Eine Klingel ertönte, doch er sah keine Verkäuferin. „Ich komme gleich", sagte eine Stimme von hinten. Sam sah sich um. Die Kleidung war recht modern und in bunten Sommerfarben. An der einen Wand hingen viele lange Ketten mit Anhängern und darunter Handtaschen in Leopardenmuster. Er blickte nach rechts und zuckte leicht zusammen. Direkt neben ihm stand eine Frau ganz in Rot gekleidet und schaute ihn starr an. Er hatte die Schaufensterpuppe gar nicht gesehen beim Reinkommen und ging nervös einen kleinen Schritt zur Seite. Da kam von hinten eine junge Frau hastig nach vorne gerannt.

„Sorry, wir haben eben neue Ware bekommen. Das Lager ist ein Labyrinth, bis man da herausfindet", lachte sie. Sie schaute Sam irritiert an. Offenbar hatte sie eher zahlende Kundschaft erwartet. „Hey, ich bin Sam vom Fahrradclub der Stadt", sagte er. „Jaaa, den kenne ich", sagte sie. „Wunderbar. Pass auf, wir machen kommendes Wochenende ein schönes Gartenfest und ich habe hier Flyer. Meinst du, ich darf ein paar hinlegen oder an die Tür hängen?", fragte er hoffnungsvoll. Einige Läden wollten partout nicht helfen und schon gar nichts an ihre Tür hängen. „Klaro! Mein Onkel macht auch bei euch mit, weißt du? Günther?", sagte sie. „Ach klar, Günther. Du bist seine Nichte, wie lustig", antwortete Sam. „Inwiefern lustig?", lachte die junge Frau. „Na ja, also du weißt schon. Zufälle halt", sagte Sam. „Ja klar, ich weiß, was du meinst. Schau mal, häng es direkt hier an die Tür. Schön auf Augenhöhe", sagte sie zwinkernd. „Wow, super danke", sagte Sam und hängte den Flyer an die Tür. „Gehört der Laden dir?", fragte er. „Ja, seit zwei Jahren", sagte sie stolz. „Ich bin Sam", sagte er und reichte ihr die Hand, die etwas schwitzig war. „Ich bin Joanna“, sagte sie und schüttelte fest seine Hand. Ihre war auch schwitzig, stellte Sam zufrieden fest. Sie gefiel ihm wirklich sehr. Ihre blonden Haare glänzten und fielen ihr leicht ins Gesicht. Die braunen Kulleraugen wirkten so unschuldig und lieb und ihr pink geschminkter Mund war permanent am Lachen und Lächeln.

„Kommst du auch zu unserem Fest?“, fragte Sam. „Nur, wenn du auch da bist“, flirtete Joanna. „Klar, bin ich. Ich habe auch Dienst, aber nur zwei Stunden, dann bin ich einfach nur privat da“, sagte er. „Gut, dann sehen wir uns dort“, sagte sie. In diesem Moment klingelte es an der Tür. Sam fuhr herum und sah seinen Kumpel in der Tür stehen. „Bist du fertig, wir müssen mal weiter“, drängelte er. Sam schaute Joanna an und rollte leicht mit den Augen. Dann lachte er und sagte: „Ich nehme dich beim Wort. Samstag sehe ich dich auf der Wiese.“

„Geht klar“, sagte sie und lachte wieder so schön.

Sam ging aus dem Laden und hatte das Gefühl, sein Herz hatte ausgesetzt und klopfte erst jetzt, nachdem er draußen war, kräftig weiter. Es schlug ihm bis zum Hals. Offenbar mussten jetzt einige Herzschläge nachgeholt werden, nachdem er quasi fünf Minuten lang klinisch tot war, als er vor Joanna stand. Das war einer der ersten Flirts, die er in seinem Leben hatte. Es lief wirklich gut und am Samstag würde er sie wiedersehen.

Sam erzählte mir später freudestrahlend von dieser Begegnung. Es war die perfekte Möglichkeit, endlich mehr Kontakt mit Frauen zu haben und das Flirten zu lernen. „Siehst du, sagte ich, du hast es drauf! Du brauchtest nur mehr Kontakte und Möglichkeiten, damit solche Situationen entstehen. Ich bin sehr stolz auf dich.“

Das Fest rückte näher und Sam war zunehmend nervös. Wir besprachen alles im Detail, um ihm die nötige Sicherheit zu geben. Er wusste, was er anziehen würde und wie er sie begrüßen sollte.

Vieles würde auch intuitiv ablaufen, da das erste Gespräch ja auch wie von alleine ging. Zudem gab es natürlich auch auf dem Fest das eine oder andere Bier oder einen Wein.

Der Samstag war gekommen und ich war gespannt, was Sam erzählen würde. Nachts um eins kam dann die ersehnte Sprachnachricht. „Lola, wir waren bis eben zusammen. Es war Wahnsinn, wir hatten uns so viel zu erzählen und wir haben so viel gemeinsam. Ich bin hin und weg von dieser Frau. Wir haben Nummern ausgetauscht und sie hat mir direkt geschrieben, als sie zu Hause war. Morgen wollen wir spazieren gehen."

Ich freute mich unglaublich für Sam. Es ist jetzt knapp vier Jahre her und heute sind Sam und Joanna glücklich verheiratet. Es hätte auch ganz anders laufen können, aber die beiden gehörten zusammen.

Wenn du Angst hast zu versagen oder glaubst, dass die Welt untergeht, wenn du diese eine Sache nicht erreichst, dann denke an Sam. Er hatte losgelassen und sich selbst zum Mittelpunkt gemacht. Die Ausgestaltung seines Lebens nach seinen Interessen und Vorlieben hatte ihn zu einem zufriedenen Menschen gemacht. Er lebte nicht für andere, sondern für sich selbst. Dieses glückliche Gefühl wünsche ich dir auch. Finde deine Mitte und sei selbst der Grund dafür, dass du Freude empfindest.

CHECKLISTE KAPITEL 10:

- Finde mindestens 20 Leidenschaften/Dinge, die dich glücklich machen
- Zeitpunkte definieren, wann du diese Dinge umsetzt

KAPITEL 11

Der Superflirt

Ich möchte dir als Abschluss in diesem Buch vom Superflirt erzählen. Zwei Menschen, die wie füreinander geschaffen waren. Sie trafen aufeinander und es hat ohne Ende geknistert ab dem ersten Moment. Nichts an Gefühlen oder Sprüchen war inszeniert, alles war einfach automatisch zwischen ihnen vorhanden. Alle in ihrem Umfeld haben es gesehen ab dem ersten Tag. Ich nenne dieses Erlebnis gerne den Superflirt, weil mich diese zwei Menschen sehr inspiriert haben. Ich freue mich sehr, dir nun von der Geschichte von Elias und Celine zu erzählen.

Alles an diesem Flirt war so faszinierend. Eine der spannendsten Liebesgeschichten, die ich in den letzten zehn Jahren verfolgen und begleiten durfte. Elias kam zu mir ins Coaching aus einem bestimmten Grund. Er konnte sehr gut mit Frauen flirten und umgehen. Dennoch hatte er nicht das Gefühl, auf Frauen zu treffen, die ihn faszinierten und auf Dauer fesselten. Ich denke, viele Männer haben das Problem, dass sie sich bei anfänglichem Kontakt mit einer Frau fragen: „Ist sie jetzt die eine oder kommt da noch etwas Besseres?“

Natürlich sollte man nicht ab Tag eins so stark on fire sein, dass man die Frau heiraten würde. Ein zu starkes, schnelles Interesse deutet eher auf Verzweiflung hin, als dass dir diese eine Person besonders wichtig ist. Denn es braucht Zeit, sich intensiv kennenzulernen und kann nicht durch einen besonderen ersten Eindruck oder ein gewisses Aussehen erreicht werden. Wer zu schnell Gefühle hegt, ist nicht besonders wählerisch, sondern liebt um der Liebe willen. Überlege dir gut, welche Eigenschaften einer Frau dich dazu bringen zu begehren und dann auch zu lieben. Es sollte weit über den ersten Eindruck hinausgehen. Liebe auf den ersten Blick ist eine Illusion. Ein romantischer Gedanke, aber nicht die Realität.

Elias und ich begannen zu definieren, was ihm an einer Frau wichtig war. Diese Eigenschaften sollte er jeden Tag manifestieren. Er sollte morgens zum Beispiel beim Zähneputzen daran denken, wie sie sich bei Feiern verhalten würde oder wie sie eine Verabredung plante. So bekam er ein Gefühl dafür, was ihm wirklich wichtig war. Welchen Charaktertyp er bevorzugte.

Er stellte mit der Zeit fest, dass er Frauen meistens anziehend empfand, die sich sehr korrekt und zielstrebig verhielten. Es waren Eigenschaften, die er an sich selbst besonders mochte. Die Probleme begannen, wenn er mal ausgelassen sein wollte und er versuchte, mit diesen Frauen zu flirten. Sie konnten damit nichts anfangen oder sendeten ihm nicht die Signale, die er gerne sehen wollte. Dadurch verlor er sehr schnell das Interesse und brach den Kontakt ab. Oftmals ging dies auch sehr unschön auseinander und es wurde gestritten. Der Sprung zwischen der zielstrebigen, erfolgreichen Frau zur lockeren, flirtenden sexy Hexy gelang den Frauen nicht. Elias hatte den Wunsch, beides in einer Frau zu finden. Mit der Zeit verlor er den Glauben daran, dass so eine Frau existierte. Sie diskutierten ihn gegen die Wand, machten Vorschriften und waren mit sich selbst auch viel zu streng. Sie genossen das Leben nicht so, wie er es sich wünschte. Doch eines Tages tauchte ein Match auf, das alles für ihn verändern sollte.

Elias war gelangweilt und wischte bei Tinder Frauen nach rechts und nach links. Die meisten wischte er inzwischen nach links, weil er einfach gelangweilt und desinteressiert war. Er hat in den letzten Jahren so viele Dates gehabt und so viele Frauen kennengelernt, mit ihnen wochenlang gechattet und telefoniert, dass er ganze Bücher damit füllen könnte. Er hatte die kuriosesten Geschichten gehört und die seltsamsten Orte mit den Frauen besucht.

Manche Kontakte gingen über mehrere Wochen, manche über mehrere Monate. Doch keine Frau hatte in ihm das Gefühl ausgelöst, das er wirklich suchte. Er wollte mit einer Frau ausgelassen sein, Spaß haben, aber auch über ernste Themen reden können. Er wollte das Gefühl haben, dass die Frau zuhören kann und nicht nur einen Monolog in seinem Beisein führte. Viele Frauen, die er kennenlernte, waren hübsch, klug und sicherlich eine gute Partie. Doch sie waren nervig und redeten ohne Punkt und Komma. Sie waren der Meinung von sich, sie wären super locker und interessant. Alle Männer müssten sie doch mögen. Doch eigentlich merken sie gar nicht, wie uninteressant sie das wirklich machte, dass sie das so äußerten.

Sie wunderten sich, warum sie jahrelang Single waren, doch Elias erkannte innerhalb kürzester Zeit, warum sie Single waren. Er wollte eine Frau, die begeistert von ihrer Arbeit kam und erzählte, was sie heute erlebt hatte. Er wünschte sich eine Seelenverwandte, die verstand, was ihn bewegte und wusste, wann er seine Ruhe brauchte oder wann man mit ihm einfach rausgehen sollte. Genau dasselbe wollte er natürlich auch einer Frau bieten. Er wollte sie von Grund auf kennenlernen und wollte verstehen, was sie zu dem machte, was sie war.

Er wollte keine oberflächliche Beziehung von zwei Menschen, die einfach nur fürs Wochenende arbeiteten. Er wollte über die Stränge schlagen, Spaß haben und ausgelassen sein. Die Frauen, die er traf, waren sehr zielstrebig und beruflich erfolgreich. Sie hatten eine Meinung, die sie sich trauten zu sagen. Doch wenn es darum ging, einfach mal loszulassen, hatten sie Schwierigkeiten. Und das war für Elias ein No-Go.

So saß er also an diesem Abend da und feuerte die Frauen nach rechts und nach links und auf einmal fiel ihm dieses Profil von einer Frau auf. Sie hatte blonde lange Haare, die ihr leicht verwuschelt ins Gesicht fielen. Sie lachte und kleine Fältchen bildeten sich an ihren Mundwinkeln und Augen. Sie war braun gebrannt und hatte ein paar kleine Sommersprossen auf der Nase und an der Wange. Im Hintergrund erkannte er Sand und eine Palme. Das Foto war offenbar im Urlaub entstanden. Er tippte noch einmal, um sich das nächste Foto anzuschauen. Es war ein Selfie von ihr, das Gesicht ganz nah fotografiert. Diesmal schaute sie ernst in die Kamera. Ihre funkelnden blauen Augen nahmen ihn komplett ein. Auch die weiteren Fotos waren vielversprechend. Sie hatte eine tolle Figur und war laut ihres Profils viel unterwegs. Dennoch war ihre Ausstrahlung beruhigend und vertraut. Er swipte nach rechts.

In dem Moment kam schon die Mitteilung. Ihr habt ein Match!

Elias hatte auf Tinder die Regel: Wer zuletzt matcht, schreibt zuerst. Also war er am Zug. Er tippte auf das Match und hielt kurz inne.

„Hey Celine, tut mir leid, dass du so lange warten musstest. Aber jetzt bin ich ja da :P“, schrieb er. Ein paar Minuten später kam von ihr zurück: „Hi Elias, haha, okay danke!“

Manche Chats gaben inhaltlich nicht sofort etwas her. Das war aber nicht schlimm für Elias. Er hatte gelernt, zwischen den Zeilen zu lesen und lenkte das Gespräch schnell in die richtige Richtung.

„Wie hoch stehen die Chancen, dass du dich aktuell in Deutschland aufhältst?“, fragte er.

„Gut, ich würde fast sagen bei 100 % ;)“, schrieb Celine. Sie war schon von Anfang an am Flirten. Das erkannte er sowohl an den Smileys als auch an der leicht sarkastischen Art.

„Gut, ich würde das gerne zeitnah überprüfen“, schrieb Elias.

„Nicht so schnell Cowboy :D“, schrieb Celine.

„Cowboy? Ach Moment, ich glaube, du verwechselst mich! Schade, dachte, ich wäre was Besonderes für dich ;)“, schrieb Elias.

„Tut mir leid, dass du es so erfahren musst!“, schrieb Celine.

Elias: „Macht nichts, schöne Frauen brechen mir immer das Herz ;)“

Celine: „Was kann ich tun?“

Elias: „Bist du Ärztin?“

Celine: „Nein, aber ich war mal bei einer. Zählt das?“

Elias: „Denke schon :D Was machst du gerade?“

Elias wechselte das Thema, damit diese Spaßmacherei nicht ewig so weiterging. Die Frau löste etwas in ihm aus, was er nicht verstand. Sie schrieben gerade mal ein paar Minuten.

Celine: „Ich räume gerade etwas auf. Ich bin eben nach Hause gekommen. Und du?“

Elias: „Ich bin noch im Büro und kümmere mich um einen Auftrag. Gleich geht es aber nach Hause.“

Celine: „Wow, so spät noch arbeiten! Was machst du denn?“

Das Gespräch erstreckte sich über eine Stunde und sie tauschten sich aus über ihre Arbeit, Celines Studium und wo sie sich aktuell auf der Welt befanden. Sie stellten fest, dass sie nur 20 Minuten voneinander entfernt wohnten. Beide lebten noch bei ihren Eltern.

Elias schrieb irgendwann: „Okay, nachdem du festgestellt hast, dass ich ganz normal bin :P, schreiben wir über WhatsApp weiter?“

Celine überlegte nicht lange und schickte ihm ihre Nummer. Den ganzen restlichen Abend schickten sie Nachrichten und Sprachnachrichten hin und her. Irgendwann um zwei Uhr nachts schrieb Elias: „Ich gehe jetzt schlafen. Wünsche dir eine gute Nacht. Morgen telefonieren wir!"

Celine schrieb: „Okay. Deal! Schlaf gut, Fremder! ☺"

Am nächsten Tag ging es direkt am Morgen weiter. Sie schrieben über Gott und die Welt. Alles ging so leicht und ohne eine Anstrengung. Sie hatten sich gesucht und gefunden. Beide spürten, dass diese Verbindung da war. Doch es machte von Anfang an beiden etwas Angst. Sie kannten das nicht. Beide hatten bereits viele Beziehungen und Bekanntschaften hinter sich, die allesamt nicht besonders positiv geendet hatten.

Am Abend telefonierten sie fast zwei Stunden und redeten über Urlaube, Freunde, Familie. Es nahm kein Ende und sie kamen von einem zum anderen.

Elias fragte sie schließlich: „Was machst du morgen Abend?" Sie lachte. Dieses Lachen ließ sein Herz jetzt schon hüpfen. Sie hatte so ein wundervolles Lachen. „Ich weiß nicht", sagte sie. Kurze Stille und dann sagte Elias: „Okay, dann weiß ich es jetzt, wir treffen uns!" Befahl er. Sie lachte wieder und sagte: „Okay."

Sie mochte es, dass er die Zügel in die Hand nahm. Aber sie war auch kein Mäuschen. Manchmal ist es doch so leicht, wenn einer die treibende Kraft ist. Es fällt leicht, darauf einzugehen und auf der Welle mitzusurfen.

Elias berichtete mir von seiner neuen Bekanntschaft und wie leicht alles war. Er merkte jetzt bereits, dass sie komplett anders war als die Frauen, die er bisher kannte. Da war etwas zwischen ihnen, was auch ich spüren konnte. Ich freute mich unheimlich für ihn, dass er endlich eine Frau gefunden hatte, die ihn wirklich interessierte.

Doch der Realist in mir holte Elias auf den Boden der Tatsachen. Denk daran, du kennst sie noch nicht richtig. Das ist jetzt der erste Eindruck. Es muss nicht heißen, dass sie wirklich so ist, wie du denkst.

Er versicherte mir, dass er sich nicht weiter reinsteigern würde und das Ganze erst mal auf sich zukommen lassen würde. Samstag sollte das Treffen stattfinden. Sie hatten sich in der Mitte zwischen beiden Wohnorten in einer Bar verabredet. Den ganzen Samstag über war es still zwischen den beiden. Kurz bevor Elias losfuhr, schrieb er ihr und sagte Bescheid. Sie antwortete prompt, dass sie auch fast auf dem Weg war.

Ich wartete gespannt, was Elias mir von diesem Treffen berichten würde. Er schickte mir auf dem Heimweg spätabends eine Sprachnachricht: „Lola, es war unglaublich gut! Sie ist genau so, wie ich sie mir vorgestellt habe. Sie hat so einen tollen Humor und lacht auch über meine Witze. Alle in der Bar haben uns angeschaut, als ich mit ihr rein bin. Wir haben stundenlang geredet. Zum Abschied haben wir uns lange geküsst! Es ist unglaublich, mit ihr passt von Anfang an alles!"

Ich freute mich sehr darüber, wie begeistert er von ihr berichtete. Ab diesem Treffen telefonierten die beiden täglich. Wenn sie nicht telefonierten, dann schrieben sie sich. Er konzentrierte sich nur noch mäßig auf alles andere. Wochenlang war sie seine Priorität.
Es war Sommer und tolles Wetter. Er holte sie an einem Tag ab und sie gingen zusammen zu einem See. Bequem lagen sie in der Sonne und genossen die Ruhe. Er griff nach ihrer Hand und streichelte sie. Sie öffnete die Augen und beugte sich über ihn und küsste ihn. Es war Glück pur.

Im Sport und auch auf der Arbeit sprach man Elias darauf an, was los wäre. Er war wie gewandelt. Er strahlte von innen heraus. Man merkte, wie verliebt er war.

„Wann stellst du sie mir vor?", fragte ihn sein bester Kumpel. „Ich weiß nicht, wann kannst du denn?", fragte Elias. „Bring sie einfach mit, wenn ihr euch das nächste Mal trefft", sagte er.

Gesagt, getan. So stellte Elias Celine seinem besten Freund vor. Sie verstanden sich auf Anhieb und hatten einen tollen Abend.

Als später der Freund weg war und Elias die Haustür schloss, drehte er sich zu Celine um. „Du hast mich die ganze Zeit schon so angeschaut", grinste er. Celine tat unschuldig. „Nein, hab ich gar nicht. Wieso?", lachte sie. „Doch, ich hab es genau gesehen", flirtete Elias mit ihr. „Okay, erwischt", sagte Celine und sprang in seine Arme.

Celine sagte immer öfter, dass sie Elias vermisste. Sie trafen sich inzwischen schon seit sechs Wochen und hatten noch nicht darüber gesprochen, was sie nun waren. Für ihn fühlte es sich so an, als wären sie zusammen. Doch er wusste nicht, wie er es ansprechen sollte.

„Ich vermisse dich", flüsterte sie ins Telefon, als sie eines Abends telefonierten. „Ich dich auch", sagte er. Sie hatten sich schon fünf Tage nicht gesehen. „Bald werde ich dich noch mehr vermissen", sagte Celine. „Wie meinst du das?", fragte Elias. „Das nächste Semester fängt doch bald an. Ich habe dir doch erzählt, dass ich ein Auslandssemester in Barcelona mache." Elias erschrak. Das hatte er total vergessen. Ihm war nicht klar, dass das Semester schon so bald beginnen sollte. An diesem Abend schlief er nur schlecht ein. Seine Gedanken kreisten um Celine und dass sie bald weggehen würde. Sie würde wohl kaum wegen ihm hier bleiben und auf eine Fernbeziehung hatte er keine Lust. Er wollte eine Freundin in seiner Nähe, mit der er etwas unternehmen konnte. Aber auf der anderen Seite hatte er eine Frau wie Celine noch nie getroffen. Was war, wenn sie nach dem halben Jahr in Barcelona noch länger bleiben wollte? Konnte er sie bitten zu bleiben? Würde sie für ihn darauf verzichten, obwohl sie sich erst so kurz kannten?

Plötzlich hatte er das Gefühl, er tat ihr Unrecht, als hätte er sie nicht verdient.

Sie hatte Ziele, wollte weg. Er wollte, dass sie blieb, er war nicht ehrlich zu ihr gewesen.

Er meldete sich ab diesem Tag immer seltener bei Celine. Es war eine riesige Kluft zwischen den beiden entstanden. Er sprach auch mit mir darüber, aber ich konnte ihm nicht helfen.

„Elias, das musst du selbst wissen. Du solltest nicht von jedem Menschen Vorschläge annehmen. Tu das, was du willst und wonach du dich fühlst“, sagte ich ihm.

Sie trafen sich noch einmal, aber Elias verhielt sich plötzlich anders. Er merkte selbst, wie er den Kontakt sabotierte.

Eines Abends telefonierten sie, als ich gerade mit ihm einen Call hatte, nachdem er sich zwei Tage nicht meldete. „Du musst mit ihr reden, geh dran!“, sagte ich. Er ging dran und sie tauschten zunächst ein paar Oberflächlichkeiten aus, wie der Tag war und so weiter.

„Was ist denn los?“, fragte Celine schließlich. „Warum willst du es mir nicht sagen?“ Sie wusste genau, dass etwas war. Er schwieg. „Okay, ich denke, wir legen auf“, sagte sie. „Okay“, antwortete Elias. Er seufzte und legte auf.

Ich schaute ihn an. „Warum hast du ihr nicht gesagt, wie es aussieht?“, fragte ich ihn. „Du liebst sie doch!“ „Ja, das tue ich, aber ich würde sie aufhalten. Es wäre nicht das, was sie braucht“, sagte er. Jetzt seufzte ich auch. Er hatte vielleicht recht. Aber es war einfach schade. Die beiden passten so wundervoll zusammen.

Die Tage vergingen und Elias hörte nichts mehr von Celine. Er meldete sich auch nicht. Er wusste, sie würde in den nächsten Tagen wegfliegen. Eines Morgens ging er an den Briefkasten und holte die Post heraus. Ein Brief ohne Absender lag drin. Seine Adresse war mit der Hand draufgeschrieben. Er war von Celine, das wusste er. Es war ein Abschiedsbrief.

Er las ihn noch mehrmals auf der Straße und war wie festgefroren, obwohl es 35 Grad waren.

„Es tut mir leid, dass es so endet", schrieb sie. „Ich will, dass du verstehst, was du mir bedeutet hast. Ich verstehe bis heute nicht, warum du nicht ehrlich zu mir sein konntest. Du wirst deine Gründe gehabt haben." Etwas in ihm zog sich zusammen. „Ich wünsche dir nur das Beste Elias, es war eine tolle Zeit mit dir."

Das war das Ende der beiden. Er hätte alles ändern können. Er hätte es in der Hand gehabt, wie ihre Geschichte ausgeht. Doch Elias blickt nicht mehr zurück und bereut auch nicht. Es war für ihn die richtige Entscheidung, denn er wollte einfach erstmal alleine sein und keine Beziehung haben.

Er denkt heute noch viel an Celine. Manchmal sprechen wir über sie. Sie ist inzwischen glücklich an jemand anderen vergeben. Doch in ihrem Herzen wird immer ein Hauch von den beiden übrig bleiben. Sie weiß genau, dass sie so etwas nie wieder finden wird. Sie waren Seelenverwandte, doch es sollte nicht sein. Sie lebt inzwischen nicht mehr in Deutschland. Was wäre wohl passiert, wenn Elias sie aufgehalten hätte? Um mit der Geschichte abzuschließen, gab ich Elias die Aufgabe, auch einen Brief an Celine zu schreiben. Er hat diesen Brief nie abgeschickt, aber es gab ihm die Möglichkeit abzuschließen und sie in Liebe gehen zu lassen. Solltest du auch etwas haben, was dich als Schatten aus der Vergangenheit verfolgt, dann schreibe einen Brief. Formuliere all deine Gefühle und Gedanken und sei schonungslos ehrlich. Den Brief solltest du nicht schreiben, weil du eine Reaktion des anderen möchtest. Daher schickst du ihn auch nicht ab, sondern verbrennst ihn oder wirfst ihn in kleinen Fetzen in den Müll.

Das ist die Geschichte von Elias und Celine. Eine Liebesgeschichte, die kein Happy End verdient hatte.

Heißt das, dass es für manche Menschen da draußen nicht den Richtigen gibt? Dass nicht alle das Glück haben, jemanden zu finden, mit dem sie alt werden können?

Nein, das heißt es auf keinen Fall.

„Solange du Suchender bist, wirst du auch finden können. Glücklich zu sein, heißt nicht, keine Probleme zu haben. Es bedeutet, dass du besser mit ihnen umgehen kannst."

LOLA SPARKS

CHECKLISTE KAPITEL 11:

- ✦ Schatten aus der Vergangenheit notieren
- ✦ Briefe an Personen schreiben
- ✦ Briefe vernichten
- ✦ Nach vorne schauen

Schreibe jetzt deine eigene Erfolgsgeschichte. Du brauchst weitere Unterstützung? Trage dich jetzt kostenlos für ein unverbindliches Erstgespräch ein und erfahre, wie dich Lola dabei unterstützen kann selbstbewusster und männlicher zu werden.

Fazit

Wow! Du hast alle Lektionen abgeschlossen und bist nun am Ende dieses Buches angekommen. Wie fühlst du dich? Hast du das Gefühl, dass du nun klarer auf das Thema Flirten schauen kannst?

Ich hoffe, du hast durch die Geschichten meiner Kunden gemerkt, dass jeder Mensch eine Chance hat. Unser Kopf steht uns nur allzu oft im Weg. Glaube daran, dass in dir eine ganz starke Macht ist, die Macht, Berge zu versetzen und alles zu schaffen. Glaube daran, dass du alles schaffen kannst, was du möchtest. Es beginnt tief in dir drin. Lass das Tier in dir raus ;)

Zum Abschied möchte ich dir gerne noch etwas schenken. Scanne diesen QR-Code, dann bekommst du von mir eine kostenlose Checkliste mit 10 Tipps über das Flirten. Es baut direkt auf diesem Buch auf und hilft dir, auch nach dem Flirten mit den Frauen in Kontakt zu bleiben. Du vereinbarst Dates mit ihnen und wirst tolle Momente erleben.

Alles ist möglich.

Ich wünsche dir alles Gute und freue mich, dich auf meinem YouTube-Kanal zu sehen.

Deine

Lola

www.lola-sparks.de

Disclaimer:

Die Namen der Kunden wurden alle verändert.

Liebe Leserin, lieber Leser,

hat Ihnen dieses Buch gefallen? Wir freuen uns über Ihre Verbesserungsvorschläge, Kritik und Fragen zum Buch.

Die Meinung und Zufriedenheit unserer Leserinnen und Leser ist uns sehr wichtig.

Kontaktieren Sie uns deshalb gerne und schreiben uns eine E-Mail an ***feedback@eulogiaverlag.de***

Wir freuen uns auf Ihre Nachricht.

Herzlichst

Ihr Eulogia Verlags Team